초역 부처의 말
필사집

2500년 동안 사랑받은

「초역 부처의 말 필사집」

남의 인생을 살기 위해
삶을 낭비하지 마라

코이케 류노스케 지음
박재현 옮김

포레스트북스

부처의 말을 따라, 선선한 바람이 분다

'이제 집어치울까?'
때로는 포기하고 싶어집니다.
때로는 좌절이 엄습합니다.
'어쩌지….'
때로는 불안으로 가슴이 두근거립니다.
때로는 좋지 않은 유혹에 넘어갈 것만 같습니다.

이처럼 무심코 마음이 약해질 때 우리는 돌연 어려움에 처하게 됩니다. 그럴 때마다 저는 이 책 172~174쪽의 『칠불통계게』나 179~182쪽의 『정승경』, 204~207쪽의 『자비경』을 읊조리며 극복해 왔습니다.
제법 간결하게 축약된 핵심만을 담은 부처의 메시지가 힘과 용기를 불어넣어 줍니다.

'좋았어. 다시 한 번 처음부터 산뜻하게 시작해보자'는 마음이 절로 생깁니다.

부처의 말이 간결하듯 이 책을 기획한 의도 역시 매우 단순합니다. 즉, 이 책을 손에 들고 어디를 펼치더라도 그곳에 적힌 부처의 말이 스르륵 마음을 물들이고, 어느 순간 그 속에서 기분 좋은 바람이 일어나 더 좋은 방향으로 불어주길 바라고 있습니다.

용기의 바람이 불고, 고요함이 자리하고, 번뜩이는 깨달음의 순간이나 집착이 사라진 평안한 마음을 마주하고, 분노의 불길이 사그라드는 효과가 일어나기를 기대하고 있습니다.

'학문적인 의의'나 '심오함', '공부'에 목적을 두고 이 책을 읽는다면 실망할지도 모릅니다. 그보다는 우리의 마음속 깊은 곳까지 뒤흔드는, 깨달은 자 부처의 말에 마음을 열고 귀 기울여 보면 좋겠습니다. 부처의 말은 가식이 없고 알기 쉬워서 복잡하고 까다로운 마음으로 읽으면 아무것도 얻는 게 없을지 모릅니다. 그러나 여유롭게 순수한 마음으로 책장을 넘긴다면, 틀림없이 읽을 때마다 매번 새로운 바람이 불어와 당신의 등을 좋은 곳으로 살며시 밀어줄 것입니다. 어쩌면 소리 내어 읊조리며 음미하는 것도 이 책을 읽는 좋은 방법이 될 것입니다.

부처가 고대 인도에서 활약했을 당시 그가 남긴 다양한 어록들은, 그의 제자들이 암기하고 암송해서 경전으로 전해졌습니다. 이 책에 있는 구절들은 바로 그 오래된 경전에서 찾아낸 것들입니다. 고등학생부터 할아버지, 할머니 세대까지 누구라도 이해할 수 있는 구절들 중, 특별히 마음에 드는 것을 선정해서 초역(超譯)˚했습니다. 어조 역시 가능한 한 폭넓은 세대의 독자들이 쉽게 읽을 수 있도록 다듬었습니다.

이 어록들에는 그 말을 듣는 상대방이 드러나 있습니다. 종자였던 아난다(阿難)를 비롯한 수많은 사람들과의 대화를 모아놓은 것이기도 하니까요.

따라서 '아난다여'라거나 '아투라여', '사리풋타여', '기사고타미여'처럼 부처가 제자에게 말을 건네는 것으로 시작되는 경우가 많습니다. 하지만 독자가 그 구절을 읽었을 때, '아난다에게 건네는 이야기는 나와는 관계 없다'는 느낌이 들지 않도록 모두 '당신'이라는 2인칭 단어를 사용해 통일했습니다. 마치 독자가 부처와 직접 대화하고 있는 듯한 느낌을 받을 수 있도록 말이죠.

부처의 말들은, 옛 경전 중 특히 짧은 구절의 보고인 『소부경전(小部經典:쿳타카니카야)』의 『법구경(法句經:담마파다)』과 『경집(經集:숫타니파타)』을 중심으로 골랐습니다. 동시에 『중부경전(中部經典:맛지마니카야)』, 『장부경전(長部經典:디가니카야)』, 『상응부경전(相應部經典:쌍윳타니카야)』, 『증지부경전(增支部經典:앙굿타라니카야)』 등 비교적 긴 경전에서도 채택했습니다.

대부분의 어록이, 제자 중에서도 출가한 수행자에게 부처가 직접 설법한 내용들이라, 현대를 사는 평범한 우리에게는 너무 엄격하거나 감각적으로 와 닿지 않을 수 있다는 우려가 있었습니다. 하여 그

˚ 초역(超譯): 원문의 의미와 의도를 손상시키지 않는 범위 내에서, 독자의 이해를 돕기 위해 직역 대신 더 효과적으로 의역하는 작업을 뜻한다(편집자 주).

간격을 잘 메우기 위해 구절의 핵심은 보존하는 한편, 과감하게 말을 줄이거나 제 나름의 새로운 발상을 덧붙이는 식으로 각 구절을 다듬었습니다. 그 때문에 언뜻 원형을 알아보지 못할 정도로 '초역'된 부분도 있다는 점을 미리 말해두고 싶습니다.

초역을 할 때는, 고대 인도 마가다국의 방언으로 여겨지는 팔리어 원어를 참조했습니다. 또한 영어판과 20세기 초 일본에서 완역된 『남전대장경(南傳大藏經)』, 이와나미 문고에 수록된 나카무라 하지메(中村元) 선생의 번역 등도 함께 참조했습니다.

구성은 이렇습니다. 직접 선택한 190개의 구절을 다시 열두 개의 주제로 분류해 1부부터 12부까지 순서대로 배치했습니다. 전반부에는, 일상적인 마음으로 가볍게 읽을 수 있는 것을 배치하였는데, 특히 행복을 파괴하는 '화'를 잠재워 줄 말들을 첫 장에 배치하였습니다. 반드시 처음부터 읽을 필요는 없지만 마음속 '화'의 독소를 맑은 물로 씻어내면서 시작하면 더할 나위 없이 좋을 것입니다.

후반부로 갈수록 일반적인 세계관이나 인간 중심의 평범한 관점을 초월하는 구절을 배치했습니다. 상식이라는 이름의 세뇌를 거스르고, 그 힘을 약화시키는 것은 마음의 때를 벗고 깨끗한 마음을 빚어내는 과정이기도 합니다.

예를 들어, 마지막 장에서는 '죽음'을 다루었습니다.

살아 있는 자로서, 사람들의 DNA에는 '어떻게든 삶을 더 연장하자'는 본능이 각인되어 있습니다. '살고 싶다, 즐겁게 살고 싶다, 좀 더, 좀 더!'라는 본능적인 '상식' 아래서, 사람들은 생존이나 이익을 방해하는 모든 것에 대해 무의식적으로, 반복적으로 공격하고픈 충동을 느낍니다.

하지만 '어쨌든 살자, 어찌 됐든 즐기자'는 본능의 명령에 반해 '아니, 나 역시 반드시 죽는다'는 엄연한 진리를 일깨우면 그 얄팍한 생존본능을 누그러뜨릴 수 있습니다. '나도 죽는다'는 감각이 몸과 마음에 스며들면 '살기 위해 좀 더, 좀 더, 남의 것을 빼앗아서라도 쾌감을 쫓는다'는 본능의 힘을 약화시킬 수 있습니다.

그때에 이르러서야 우리 마음은, 마차를 끄는 우아한 말들처럼 폭주를 멈추고 자유를 회복하게 됩니다. 겨우 잔잔하고 평온한 마음을 되찾아 안도의 한숨을 내쉬게 됩니다. 평범한 행복을 다시금 발견하게 됩니다.

죽음과 대면하는 장의 말미에는, 장부경전『대반열반경(大般涅槃經:마하파리닙바나숫타)』의 구절을 담았습니다. 여든이 된 부처가 죽음을 맞이했을 때 남긴 어록입니다. 그리고 그것의 가장 마지막에는 그가 제자들에게 남긴 유언을 번역해 넣었습니다.

부처, 본명은 고타마 싯다르타. 샤카족의 왕자로 태어났지만 후에 석가 혹은 석존이라 불렸던 사람… 그가 한 인간으로 태어나 죽을 때까지 세상에 전하고자 했던 말들이 이 책에 담겨 있습니다.

여기에서도 다루고 있는『경집』과 같은 옛 경전에는, 부처를 무턱대고 신격화하거나 위대한 종교의 시초자로 추앙하는 표현들이 종종 등장합니다. 저는, 그러한 표현은 '불교'라는 조직을 만들고 권위를 부여하기 위해 제자들이 임의로 넣은 것이라 생각하기 때문에 이 책에서는 다루지 않았습니다.

'내게 의존하지 말고 네 자신의 감각을 의지처로 삼아라'고 설법했던 부처의 뜻에 충실하려면, 그를 떠받드는 대신 그의 메시지를 어떻게 실천한 것인가를 더 중요하게 다루어야 한다고 생각합니다. 숭배의 대상도, 의존의 대상도 아닌 그저 2,500년 전에 태어나 생을 살다 간 한 스승으로서 말이지요.

'부처를 만나면 부처를 죽여라'는 구절은 임제선사(臨濟禪師)가 한 말입니다. 부처를 숭배하고자 하는 자신의 약함을 죽이라는 의미일 것입니다.

태양이 강렬히 내리쬐는 가혹한 환경의 인도, 그 나라의 혹독한 환경 위에서도 고대 수학과 화학, 합리적인 사고력이 발전했습니다. 강한 햇살의 땅, 생각이 자유로운 그 땅 위에서 부처의 합리적이고도 심리학적인 접근도 탄생했습니다.

그에 비해, 현대의 우리들은 활기나 정을 쫓습니다. 습하고 감정적인 것에 이끌리는 그 성향은 무심코 이런저런 생각과 고민을 불러오는 원인이기도 합니다.

그러나 이 책을 읽는 동안에는, 고대 인도의 지혜의 태양이 여러분의 마음을 비추어, 축축하고 울적했던 마음의 습기를 말려줄 것입니다. 그리하여 비로소 마음속에 산뜻하고 상쾌한 바람이 불게 될 것입니다.

그러니, 이제부터 마음을 온화하게 열고 '부처의 말'을 들어주세요.

- 코이케 류노스케

차례

2부 비교하지 않는다 ·

묻지도 않았는데 자신에 대해 말할 때 | '자만의 올가미'에 걸리지 않도록 | 어리석은 자가 무언가를 해내면 | '누구의 것'임을 잊어버리는 행복 | 칭찬도 비판도 같은 마음으로 | 평가가 불러 일으키는 감정은 어차피 환영 | 쾌락의 자극을 추구하지 않는다 | 잘난 척하지 않도록 | 자신의 생각에 집착하지 않는다 | 비록 당신의 의견이 인정을 받는다고 해도 | 자만은 고통을 키운다 | 사람과 경쟁하지 않는다 | 가볍게 사고를 전환한다 | 비교하지 않는다 | 승부에 집착하지 않는다 | 다투지 않는다 | 상대에 맞춰 유연하게 이야기한다 | 논쟁의 유혹에 넘어가지 않는다 | 비난이나 칭찬이 아닌 법칙을 말한다 | 두 가지 길

3부 바라지 않는다 ·

결핍감은 끊임없이 커진다 | 결핍감은 전이된다 | 결핍감의 뿌리를 태워라 | 갈애의 뿌리를 뽑아낸다 | 견딜 수 없을 만큼 원하는 상대는 만들지 않는다 | 미워서 견딜 수 없는 상대는 만들지 않는다 | 비뚤어진 애정이라는 속박 | 쇠사슬보다 강하게 우리를 구속하는 것 | 욕망을 향해 내달리는 생각이 갈애를 키운다 | 갈애의 거미줄을 끊는다 | 제멋대로 움직이는 생각을 멈춘다 | 자신에게 주어진 것을 본다 | 자신에게 주어진 것에서 행복을 본다 | '있다'와 '없다'에 흔들리지 않는다 | 갈애가 이끄는 대로 방황하지 않는다 | 타인과 자신을 위해 아낌없이 쓴다 | 욕망은 고통이다

1부

감정에 휘둘리지 않는다

만일 누군가가 불쾌하게 군다면

당신이 경쟁자로부터 불쾌한 일을 당해
우울해지거나 위축된다면
그것을 보고 상대는 '꼴좋다'며 웃고 기뻐할 것입니다.

고로 진정한 손익을 아는 자는
아무리 불쾌한 상황에 놓여도
한탄하거나 슬퍼하지 않고 평상심을 유지합니다.
전과 다름없이 온화하고 부드러운
당신의 표정을 본 상대는
'쳇, 실망이네' 하며 낙담하겠지요.

적을 고민하게 만드는 최고의 방법은
화내지 않고 온화하게 있는 것, 단지 그뿐입니다.

-증지부경전

/   /

누군가를 화나게 했다면

'쳇, 그렇게까지 화낼 필요 없잖아…'
화를 내는 미운 상대를 보고 울컥 화가 치민다면
그 화로 인해 스스로 악인이 되고 있음을
깨달아야 합니다.

화를 내는 사람에게 분노를 느끼지 않고
태연할 수 있을 때
비로소 어려운 상대를 만나도 승리할 수 있습니다.

타인의 화를 마주했을 때 빨리 알아차려야 하는 것은,
지금 당신의 마음이 화로 물들려 한다는 사실입니다.
그 찰나를 알아차리고 마음을 가라앉히세요.

그럴 때 비로소 당신도 상대방도
마음의 치유를 얻을 수 있습니다.
당신이 상대방의 화를 부드럽게 받아줄 때,
두 마음속의 화는 잦아들고 상처는 치유됩니다.

-상응부경전

누군가에게서 험담을 들었다면

당신에 대한 험담을 듣고 상처를 받았다면
이 사실을 떠올려 보세요.
이 험담이라는 녀석은, 먼 옛날부터
쭉 우리 곁에 있었다는 사실을.

그 옛날에도 잠자코 있는 사람은 '무뚝뚝하다'고 욕먹고,
말 많은 사람은 '수다쟁이'라고 비난받고,
예의를 갖춰 말하는 사람조차
'뭔가 꿍꿍이가 있는 게 아닐까'라는 악평을 받았습니다.

-법구경 227

험담에서 자유로운 사람은 없다

이 세상의 누구라도 반드시 어딘가에서는
누군가의 노여움을 사고 있습니다.
그러니 어쩌면 누군가에게서 험담을 듣는 것은
당연한 일입니다.

옛날에도, 지금도, 앞으로도, 미래에도 영원히
그것은 당연한 일이기에
험담 같은 건 시원하게 흘려보내는 게 좋습니다.

-법구경 228

/   /

화의 발화

'저 사람이 내 욕을 했다.'
'저 사람이 내 마음에 상처를 줬다.'
'저 사람이 나를 이겼다.'
'저 사람이 내 이익을 빼앗았다.'

이런 식으로 마음속에 화를 지피고 언제까지고 반복하면
그 원망은 영원히 잦아들지 않습니다.
그 생각이 떠오를 때마다 화는 다시 피어올라
당신의 마음은 편할 날이 없습니다.

-법구경 3

화의 반복에서 벗어난다

'저 사람이 나를 비판했다.'
'저 사람이 내 마음을 짓밟았다.'
'저 사람이 나를 호되게 깎아내렸다.'
'저 사람이 내 아이디어를 훔쳤다.'

이런 식으로 화를 지피는 걸
멈추고,
반복되는 감정에서 벗어나면,
그 원망은 고요히 잔잔해지고
당신의 마음은 마침내 편안해집니다.

-법구경 4

화라는 요리를 먹지 않고 돌아오기

당신이 친구나 지인을 저녁식사에 초대해
심혈을 기울여 만든 요리를
대접하려 했다고 상상해 보세요.

그런데 공교롭게도 일이 생겨
모두 바삐 돌아가 버렸다고 말이죠.

이제 식탁에는 손도 대지 않은 접시,
수북이 담긴 요리가
덩그러니 남아 있습니다.

모두가 떠나간 뒤 당신은
홀로 쓸쓸히
그것을 먹을 수밖에 없습니다.

누군가가 화를 내며 당신을 공격해 온다면,
화라는 독이 차려진 저녁식사에
당신을 초대한 것과 같습니다.

만일 당신이 냉정함을 잃지 않고 화내지 않는다면
화라는 이름의 요리를 먹지 않고 돌아갈 수 있습니다.

그렇게 하면 화를 낸 사람의 마음속에는
당신이 손도 대지 않은 독이 고스란히 남게 됩니다.
그 사람은 홀로 화라는 독이 든
요리를 먹고 스스로 무너질 것입니다.

-상응부경전

공격에 살짝 힘을 뺀다

008

타인이 공격할 때
당신도 공격으로 반격한다면
당신의 원망도, 상대방의 원망도 잦아들기는커녕
증폭되어 무한히 이어집니다.

'이제 됐다. 더는 원망하지 않는다.'
이렇게 살짝 힘을 빼면
서로의 원망은 잦아들고
마음은 편안해집니다.

이것은 영원히 변하지 않는 진리입니다.

-법구경 5

당신도 상대방도 결국엔 사라진다

누군가와 다툼이 생길 것 같으면
그 순간, 반드시 떠올려 보세요.
당신도, 상대방도 이윽고 죽어서
이곳에서 사라진다는 사실을.

'결국엔 당신도 사라진다. 나도 사라진다.
그렇다면, 아무려면 어떤가.'

화를 털어버리고 잔잔한 마음을 되찾기를.

-법구경 6

험담해서는 안 되는 이유

사람은 그 입에 날이 잘 선 도끼를 품고 태어나
그 도끼로 타인을 상처 입히려고 하지만
실은 자신도 모르는 사이에 제 마음에 상처를 냅니다.

타인을 비난하는 험담의 도끼를 내려찍을 때마다
가장 먼저
당신의 마음이 경직되고,
뇌 속에 불쾌한 신경 자극이 생기고,
몸 안에서 독소가 발생하고
호흡에 독가스가 섞이기 때문입니다.

-경집 657

사람을 괴롭혀서는 안 되는 이유

타인에게 괴로움을 안겨줌으로써
스트레스를 날리고 쾌감을 얻고자 하는 마음이
당신에게도 있을 것입니다

'다음에는 언제 만날까?'라는 질문 앞에서
'글쎄, 잘 모르겠네.' 이렇게 일부러 애매하게 굴면서
상대가 불안해하고 고통스러워 하는 걸
쾌감에 젖어 지켜봅니다.

상대에게서 업무 의뢰 메일을 받고도
오래도록 무시하며 곤혹스럽게 만들고는
'그것 참 고소하다'며 쾌감에 젖어 생각합니다.

이처럼 타인을 괴롭히거나 곤란하게 만들면서
쾌감을 얻으려는 습관이 몸에 배면
마음속에 차곡차곡 업보인 화가 쌓여
도리어 스스로 부정적인 생각만을 쉼 없이 좇게 됩니다.

-법구경 291

당신의 화가 상처 입히는 것

상대가 누구든 울컥 치밀어 오른 화에
자신을 잊은 채 공격적인 말을 내뱉지 않도록 조심하세요.
보복의 폭탄은 당신에게로 돌아올 뿐입니다.

'당신의 우유부단한 점이 싫다'고
상대방의 가장 아픈 곳을 쿡 찌르면
그 말을 들은 상대방 역시
'당신이야말로 아무것도 결정 못하는 주제에'라며
당신이 가장 듣고 싶지 않은 말을 되돌려 줍니다.

흥분으로부터 나오는 말은,
듣는 것은 물론 말할 때도,
자신의 마음을 상처 입히고 몸을 지치게 합니다.

-법구경 133

당신 말고는 누구도
당신을 상처 입힐 수 없다

당신을 미워하는 경쟁자가 당신에게 하는 나쁜 행동,
그런 건 대단치 않습니다.

당신을 싫어하는 사람이 당신에게 가하는 집요한 괴롭힘,
그런 건 대단치 않습니다.

화로 일그러진 당신의 마음은,
그보다 더 훨씬 당신에게 해롭고 위험하기 때문에.

-법구경 42

'화'의 사슬에서 벗어나라

'이제 싫다. 더는 못하겠다.'

이렇게 마음속에서 분노가 퍼지면,
뇌에서 신경독소가 다량으로 흘러나와
온몸으로 독과 같은 나쁜 기운이 퍼집니다.

당신이 독사에 다리를 물리면
그 독이 온몸으로 퍼져나가는 것처럼 말이지요.
하지만 조급하게 구는 대신 약초를 찾아 문지르면
독은 사라지고 구사일생으로 살아나
안도의 한숨을 내쉬게 됩니다.

마음속에 맺힌 '화'라는 독에
냉정함이라는 약초를 문지르고
그것이 완전히 사라질 때
비로소 진정으로 목숨을 건질 수 있습니다.

화를 버린다면 당신은
살아가는 고통의 연속에서
우아하고 가뿐하게 벗어날 수 있습니다.

그래요, 마치 뱀이 탈피하여
허물을 벗어 버리듯이 말입니다.

-경집 1

온갖 언쟁과 불화, 지긋지긋한 다툼…
그와 같은 일이 일어나는 이유는,
당신의 뇌에서 만들어지는
쾌감과 불쾌감이라는 물질 때문입니다.

언쟁에서 질 것 같거나 자신보다 뛰어난 상대를 보면
불쾌감이 용솟음치듯 분출되기에
무턱대고 상대를 비난하려 듭니다.

반대로 이길 것 같거나 상대가 만만해 보이면
깔보거나 '혼쭐내 주겠다'는 우월감과 쾌감에 빠져
막무가내로 자신의 주장을 밀어붙이려 합니다.

하지만 이 '쾌감'과 '불쾌감'의 신경 경로를 억제하는
'온화한' 해독제를 분출시킬 수 있다면
당신은 모든 다툼에서 한 걸음 물러설 수 있습니다.

-경집 862, 866, 867

앙갚음하지 않는다

마음을 보호하는 걸 깜빡 잊고 있다가
귀에 거슬리는 말에 무심코 상처를 입었다 해도
결코 가시 돋친 말로 받아치지 마세요.

자기 내면을 응시하고 있을 당신에게,
타인과 대적하는 것 따윈 정말로 불필요한 일이니까요.

-경집 932

상대의 잘못이 아닌 자기 내면을 본다

다른 이의 잘못과 실수를 알았다 해도
당신이 화낼 필요는 없습니다.
타인이 저질러 버린 일, 타인이 어긴 일
그런 것을 물끄러미 보고 있지 마세요.

오히려 시선을 당신의 내면으로 돌려
찬찬히 들여다 보는 게 좋습니다.

자신은 무슨 일을 저질렀고 무엇을 어겼는지를.

-법구경 50

교만함을 순순히 내려놓는다

화를 버리세요.

'나는 대단한 사람이다.'
'나는 칭찬받을 가치가 있다.'
'나는 감각이 특출나다.'
'나는 소중히 대접받아 마땅하다.'

이 같은 교만함을 남몰래 가지고 있기에
생각과 다른 현실에 직면할 때마다
화가 당신을 지배합니다.

교만함을 알아차리고 그것을 순순히 내려 놓으세요.
모든 정신적 굴레에서 벗어나 마음도 신체도 자유롭고
그 어떤 것에도 속박받는 게 없다면
이미 당신은 화를 낼 일도 고통받을 일도 없습니다.

-법구경 221

친구로 두면 안 되는 사람 1

자주 불같이 화내는 사람.
언제까지고 원망을 잊지 않는 사람.
자신의 결점을 감추려고 하는 사람.
자신을 실제보다 좋게 보이려고 친절을 가장하는 위선자.
이런 사람들은 저속하다는 걸 알고,
그들과 어울리지 않도록 하세요.

-경집 116

/   /

친구로 두면 안 되는 사람 2

어머니, 아버지, 형제자매, 배우자, 장모나 장인,

이러한 주변의 소중한 존재에게

무례하게 행동하거나

말로 상처 입히고 고통을 안겨주는 사람은,

겉으로는 '좋은 사람'인 척 연기하고

회사나 학교에서 친절하게 행동해도

저속한 사람으로 알고 그들과 어울리지 않도록 하세요.

-경집 125

불쾌한 상황에서도 온화할 수 있는가?

옛이야기를 한번 해볼까요.

베데히카라는 이름의 부유한 여성이 있었습니다. '온화하고 친절하며 침착한 사람'이라는 평판이 따라다녔죠. 그녀는 칼리라는 이름의 하녀를 고용하고 있었습니다. 어느 날, 칼리는 문득 이런 의문이 들었습니다.

'주인은 친절하다는 평가를 받는데, 속으로는 화가 나지만 겉으로는 드러내지 않는 것일까? 아니면 마음 어디에도 화가 없는 온화한 분일까? 어느 쪽인지 시험해 보자.'
그래서 칼리는 일부러 늦은 시간에 일어나 아주 늦게 일하러 갔습니다. 그러자 베데히카가 '지각하다니 무슨 일이냐!'며 화를 냈습니다.

'아무 일도 아닙니다, 주인님.' 하고 칼리가 대답하자 베데히카는 '지각하고선 아무 일도 아니라니 건방지다'며 쇠막대기로 칼리의 머리를 내리쳤습니다. 칼리의 머리에서는 붉은 피가 흘러내렸습니다.

그녀는 불쾌한 상황이나 말투와 맞닥뜨리지 않을 때만, 즉 자신의 기분이 좋을 때만 친절한 사람이었던 것입니다.

만약 불쾌한 상황 앞에서도 화내지 않을 수 있다면
당신이야말로 진정으로
'온화하고 친절하며 침착한 사람'입니다.

-중부경전 『거유경』

진정으로 강하고 지혜로운 사람

연인이나 친구로부터 '도움되지 않는 사람'이라고 매도당해도, 못된 사람이 '바보 같은 놈'이라고 때리고 공격해도, 화내거나 두려워하지 않고 평상심을 유지하며 차분하게 대응합니다.

그만큼의 인내력이 있는 사람은, 강력한 군대와 같은 힘을 지닌 지혜로운 사람이라고 할 수 있습니다.

-법구경 399

자기 안에 '숨어 있는 그것'을
이기는 법

'화내지 않는 것'을 무기로 사용해
자기 안에 숨어 있는 '화'를 이기세요.
'긍정적인 마음'을 무기로 사용해
자기 안에 숨어 있는 '부정적인 마음'을 이기세요.
'나누어 주는 것'을 무기로 사용해
자기 안에 숨어 있는 '쩨쩨함'을 이기세요.
'사실만 말하는 것'을 무기로 사용해
자기 안에 숨어 있는 '거짓말쟁이'를 이기세요.

-법구경 223

무슨 일에도 동요하지 않는 연습

당신이여, 만일 적이 당신을 사로잡아
톱으로 당신의 손발을 자르려 한다면
손에도 발에도 극심한 통증이 느껴질 것입니다.
손에도 발에도 신체의 고통이 새겨질 테지만
그 고통에 반응하여
'싫다'며 마음으로 화내고 반발한다면
당신은 나의 제자가 아닙니다.

나의 제자이고자 한다면,
일어난 일에 동요하지 않도록 연습하세요.
미치도록 화가 나도 부정적인 말을
하지 않도록 연습하세요.
화를 일으키지 않고, 불쾌한 상대 앞에서도
친절함과 동정심을 잃지 않도록 연습하세요.

그들을 자비로운 마음으로 대하고

모든 살아 있는 자들을,

적의 없는 무한한 자비심으로 대할 수 있도록 연습하세요.

-중부경전『거유경』

마음의 안전 운전자

폭주하는 자동차에 올라타 핸들을 쥐고 균형을 유지하듯
폭주하는 노여운 생각을 통제하여 평상심을 유지할 수 있다면 나는
당신을 '마음의 안전 운전자'라고 부를 것입니다.

만일 분노의 생각을 통제하지 못하고 멀거니 핸들만 쥐고 있다면
결국 당신은 폭주하는 차에 농락당하는 미숙한 자가 될 것입니다.

-법구경 222

2부
비교하지 않는다

묻지도 않았는데 자신에 대해 말할 때

자신이 얼마만큼 애쓰고 있는지
자신이 얼마만큼 이루어냈는지
자신이 유명인과 얼마나 잘 아는 사이인지
자신의 직업이 얼마나 대단한지
묻지도 않았는데 말하는 사람이 있습니다.

당신이 그러한 드러내고 싶어 하는 마음을
멀리하지 않는다면,
사람들은 점점 당신을 멀리할 것입니다.

-경집 782

'자만의 올가미'에 걸리지 않도록

당신의 마음이 편안하고 고요하여 안정되어 있다면,
'나는 이것을 해줬다', '나는 이런 사람이다'며
자신이 이룬 일을 자랑하지는 않을 것입니다.

당신이 엄청나게 성공한 뒤에도
자만의 올가미에 걸리지 않았다면,
사람들로부터 '마음이 깨끗하다'는
존경을 받을 것입니다.

-경집 783

어리석은 자가 무언가를 해내면

약간의 일을 해내면 어리석은 자는 곧장
'나는 이런 일을 했다'고 말하고,
'존경받고 싶다.'
'다른 사람들을 굽실거리게 하고 싶다.'
'추켜세워지고 싶다'며 물욕과 오만함을 드러냅니다.

'모두 내가 한 일을 알아봐줬으면.'
'모두 내 말대로 해줬으면.'
이렇게 유치한 욕구에 사로잡혀,
어리석은 자의 욕망과 오만함은 점차 비대해져 갑니다.

-법구경 73, 74

'누구의 것'임을 잊어버리는 행복

'이 아이디어는 나의 독창적인 것이다.'
'이것은 저 사람의 의견이다, 내가 졌다.'
'이것은 저 녀석의 의견이다, 헐뜯어 주마.'

'누구의 것'이라는 편협한 관점을 가지면
당신의 마음은 세상 일을 '나'와 '남'이라는
대립관계로만 보게 되기에 괴로워집니다.

'나의 것'과 '남의 것' 이 두 가지를 잊을 수 있다면
설령 아무것도 가지지 않아도
행복한 마음으로 지낼 수 있습니다.

-경집 951

칭찬도 비판도 같은 마음으로

다른 사람에게 매도를 당하거나 비판받아도,
존경을 받거나 칭찬을 받아도,
한결같은 마음으로 있으세요.

'어째서 이런 것도 못하는가'라고 매도당해도
마음속에 피어나는 열등감을 재빨리 깨닫고
'괜찮다'며 받아넘깁니다.

'역시 당신은 대단하다'는 칭찬을 들어도
건방진 우월감이 마음을 지배하려는 걸 번뜩 알아차리고,
'아무렴 어때'라며 흘려보내세요.

-경집 702

평가가 불러 일으키는 감정은
어차피 환영

타인에게 비판받거나 부정적인 평가를 받고서
'어차피 나는…'이라며 열등감이 생겨도 당황하지 마세요.
타인에게 칭찬받거나 칭송받게 돼서
'역시 나는 능력자다, 이제야 알아주는 건가'라며
우월감이 피어올라도 오만해지지 마세요.

다른 사람의 평가로 생겨나는 쾌감이나 불쾌감은
뇌에서 만들어지는 환영에 지나지 않습니다.
칭찬받고 싶다는 쩨쩨한 욕망을 없애고,
폄하되는 게 싫다는 화를 없애세요.

-경집 928

쾌락의 자극을 추구하지 않는다

칭찬을 받을 때 머릿속에서 생기는 '기분 좋다'는
쾌감에 중독되지 않는 사람은
좋은 평가를 받았다고
단박에 우쭐대며 행동하지 않습니다.

쾌락의 자극을 구하려 하지 않을 때,
당신의 태도는 부드러워지고
현재의 상황에 유연하게 대처할 수 있습니다.

이처럼 마음이 깊이 차분해져 있다면
종교나 사람을 우러러볼 필요도 없고
이제 와 새삼 '마음을 차분히 안정시키려'
애쓸 필요도 없습니다.

-경집 853

잘난 척하지 않도록

'자, 보아라. 나는 대단하다.'
이렇게 자만하는 사람이 되지 마세요.
입 밖으로 노골적인 자랑을 꺼내지 않아도
태도나 행동에서 자만심이 묻어 나옵니다.
'나를 좀 알아줘'라는 마음을 내보이듯
지나치게 자신을 자랑하지 마세요.
마음이 조금 성장했다고 해서 잘난 듯 굴지 마세요.

부디 자신도 모르는 사이에 잘난 척하고
타인에게 상처 주는 말을 내뱉지 않기를.

-경집 930

자신의 생각에 집착하지 않는다

자신이 떠올린 아이디어에 집착한 나머지
'내 생각은 대단하다'며 집요하게 우긴다면,
반드시 타인에게 미움을 사고 비판을 받을 것입니다.

몇몇 사람은 당신의 의견에 납득되고
당신을 칭찬할지라도
대부분은 사귀기 어려운 사람이라며 멀리할 것입니다.

-경집 895

비록 당신의 의견이
인정을 받는다고 해도

자신의 의견을 우긴 결과로써
남들이 때마침 찬성해 주었다면
당신은 '역시 나는 옳다'며 우쭐해질 것입니다.
그것에 기뻐서 흥분한다면
그만큼 오만한 성격이 되어갑니다.

-경집 829

자만은 고통을 키운다

자만은 당신의 고통을 자신도 모르는 사이에 키웁니다.
자신의 의견을 밀어붙이는 데 성공하여 맛을 들이면
당신은 이전보다 한층 더 자만에 젖은
말투를 내뱉게 됩니다.

이처럼 자신의 의견을 무조건 밀어붙이고자 한다면,
그것에 실패할 때는 화가 나고 하물며 성공하더라도
오만한 성격으로 변하기에 좋지 않습니다.
그저 마음이 탁해질 뿐입니다.

이 이치를 깨달았다면
무턱대고 의견을 밀어붙이는 일은 멀리하세요.

-경집 830

/   /

사람과 경쟁하지 않는다

칭찬을 받고 뇌 속에서 쾌감 물질이 다량으로 나온다 해도
그 쾌락은 한순간에 끝나는, 찰나의 위안 같은 것입니다.
마음의 안정감을 얻는 것에는 조금도 도움되지 않습니다.
무언가를 우겨보았자 거기서 얻을 수 있는 것은
'미움받는 것'과 '칭찬받고 스스로 위안하는 것'
고작 이 두 가지뿐입니다.

이 법칙을 깨달아 사람과 경쟁하지 않는 것이
진정한 평온이라는 걸 안다면
말다툼 따위는 하지 않을 것입니다.

-경집 896

가볍게 사고를 전환한다

사람은 자신의 의견에 집요하게 매달리는 경향이 있어
자신의 의견을 철회하는 것에는 서툽니다.
그러니 당신은 자신의 의견을 거침없이 내려놓고
가볍게 사고를 전환할 수 있도록 늘 연습하세요.

-중부경전 『삭감경』

/   /

비교하지 않는다

'저 사람보다 뛰어나다' 혹은 '이전의 나보다 낫다'는 말로
누군가와 지금의 자신을 비교하지 마세요.
'저 사람보다 못하다' 혹은 '이전의 내게 미치지 못한다'는 말로 누
군가와 지금의 자신을 비교하지 마세요.
'저 사람과 같다' 혹은 '이전의 나와 같다'는 말로도
누군가와 지금의 자신을 비교하지 마세요.

자존심이 걸린 질문을 받더라도
자신에 대한 우월감이나 열등감을 느끼는 대신
자신을 지나치게 의식하는 것에서 벗어나
냉정하게 답하세요.

-경집 918

승부에 집착하지 않는다

‘무승부다.’
‘내가 훨씬 낫다.’
‘내가 못하다.’

이 세 가지 종류의 사고방식에 지배당하면,
당신은 상대를 꺾고 싶어 어떻게든 트집을 잡게 됩니다.
예컨대 ‘당신이 방해하는 바람에 업무가 엉망이 됐다’고
억지를 부려서라도 알량한 자존심을 지키고 싶어집니다.
그러고 나면 서로 기분이 나빠지는 것은 당연하지요.

‘무승부’, ‘승리’, ‘패배’ 같은 건 무시한 채
조금도 신경 쓰지 않는다면
건방진 태도도, 언쟁도 말끔히 사라지고
평화가 찾아올 것입니다.

-경집 841

다투지 않는다

다투고, 경쟁하고, 싸우고,
여기에서 행복한 사람은 단 한 명도 없습니다.
승리자가 얻는 것은 상대의 원망뿐이고
패배자는 스트레스로 기진맥진합니다.
고로 마음을 단련한 사람은
승부를 신경 쓰지 않고
오만한 우월감도 없이
투덜대는 열등감도 없이
의연히 행복하게 살아갑니다.

-법구경 201

전문용어에 얽매이지 말고 이야기하세요.

'실존의 끊임없는 유동성이 초월론적으로 구성된 동일성에 의해 회수되는 필연성이 어쩌고저쩌고.'
철학적인 전문용어가 난무하는 말을 들어도 철학가가 아니면 '대체 무슨 소리인가?'라며 전혀 알아듣지 못합니다.
'이 비즈니스 모델의 솔루션은 당신의 모티베이션을 시스티매틱하고 엘레강스하게 캐치업한다.'
이렇게 비즈니스 용어로 당당하게 떠들어도 비즈니스 전문가가 아니면 '무슨 말인가?'라며 도통 이해하지 못합니다.
'카야에 에카가타를 향해 산마산갑파로 사티하세요.' 이러한 불교 용어를 들어도 불교 전문가가 아니면 '무슨 의미인가?'라며 알아듣지 못합니다.

그러니 전문용어에 신경 쓰지 말고 상대에 맞춰 이해하기 쉽게 이야기하는 게 좋습니다.

-중부경전 『무쟁분별경』

논쟁의 유혹에 넘어가지 않는다

자신의 사고방식에 얽매여 있는 사람이 '오직 내 생각이 진리이고, 당신은 틀렸다'며 논쟁을 걸어 온다면, '과연 그렇게 생각할 수도 있겠다. 당신이 그렇게 생각하는 마음도 알 것 같다'고 말하고 받아 넘기세요.

상대가 싸우려는 마음으로 엉겨 붙어도 '자기 생각에 얽매여 당신과 다투는 그 성가신 일을 하려는 사람은 여기에 없다'는 듯 살짝 힘을 빼고 대응하세요.

자기 생각에 집착하는 마음을 버린다면 논쟁에서 오는 고통은 사라집니다.

-경집 832

비난이나 칭찬이 아닌 법칙을 말한다

타인을 칭찬하여 자존심을 부추기거나
타인을 깎아내려 자존심에 상처를 주는 것 모두
상대의 마음을 혼란스럽게 만듭니다.
칭찬의 말이나 비난의 말 대신
'이렇게 하면 이렇게 된다'는 법칙만을 말하세요.

예컨대 명상 수행을 하는 사람에게
'그런 어리석은 명상법은 자신을 힘들게 할 뿐'이라고
말하면, 그것은 비난이고, 상대방을 화나게 만듭니다.
'당신은 어리석은 명상법이 아닌,
고통 없는 올바른 실천법에 따라 명상하고 있다'고 말하면
그것은 칭찬이 되어 상대의 마음을 우쭐하게 만듭니다.

그저 '욕망에 빠지지 않는 게 고통 없는 올바른 명상법'이라고 말한
다면 간결한 법칙만을 말한 게 됩니다.
그것이 상대를 위한 일이고 당신을 위한 일이기도 합니다.

-중부경전 『무쟁분별경』

두 가지 길

하나의 길은 쩨쩨한 이익과 명성을 좇는 외로운 길
다른 하나의 길은 마음이 편안함에 이르는 진리의 길
나의 제자이고자 한다면,
세상의 평가나 명성은 던져버리고,
고독 속에서 자기 내면을 탐구하세요.

-법구경 75

3부

바라지 않는다

결핍감은 끝임없이 커진다

자신의 내면을 응시하는 걸 잊으면,
자신도 모르는 사이에 마음속 결핍감의 블랙홀이 열리고
'원한다, 부족하다, 좀 더'라며 무언가를 구하기 위해
몸부림치는 갈애(渴愛)°가 커집니다.
숲속에서 바나나를 찾아 이곳저곳 뛰어다니는 원숭이처럼
당신의 마음은 여기저기 안달복달 빙글빙글 윤회하며
죽어서조차 마음이 편치 못합니다.

-법구경 334

○ 갈애: 번뇌에 얽힌 채 욕망하여 집착함(편집자 주).

결핍감은 전이된다

톱으로 나무를 잘라 쓰러뜨려도
그 뿌리가 강하다면 다시 쑥쑥 자라납니다.
마찬가지로 당신의 마음속에 숨어든 결핍감은
너무도 강력한 주술이어서
일시적으로 잠잠할 때라도 뿌리는 살아 있기에
곧 다시 쑥쑥 자라 번뇌를 낳고 커져갑니다.

예를 들어 '어째서 오늘은 만날 수 없는 거지?'라며
한번 결핍감을 느꼈다면,
상대방과 다시 만나 마음이 진정되어도 곧이어
'어째서 내 이야기를 제대로 들어주지 않지?'라며
훌쩍 다른 데로 전이됩니다.

-법구경 338

결핍감의 뿌리를 태워라

나는 당신에게 고합니다.
'갖고 싶다, 부족하다, 좀 더'라고
당신의 마음속에서 속삭이는
결핍감이라는 식물의 뿌리를 파내어 태워버릴 것을.
당신이 진실로 행복할 수 있도록.

비라나 풀의 뿌리에서 향료를 추출하려는 사람이
그 뿌리를 파내어 뽑아버리듯이
결핍감이라는 이름의 저주받은 풀뿌리를
남김 없이 뽑아서 버리세요.

번뇌의 마귀가 당신을 사로잡아
다시금 마음을 흩트리지 않도록.

-법구경 337

갈애의 뿌리를 뽑아낸다

원하고 갈구하는 거친 물결은
여기저기로 전이되는 암과도 같아서
이쪽저쪽으로 흐르며 번져갑니다.
채워졌나 싶다가도 곧 부족해집니다.
'저것을 원한다.'
'좀 더 멋진 일을 하고 싶다.'
'모두에게 더욱더 존경받고 싶다.'
이 방자함이라는 이름의 식물은
점차 무성해져 당신을 괴롭힙니다.

그 식물이 돋아나는 걸 번뜩 알아차렸다면
지혜의 삽으로 그 식물의 뿌리를 파내어 부수세요.

-법구경 340

견딜 수 없을 만큼
원하는 상대는 만들지 않는다

원하고 원해서 견딜 수 없는 상대를
만들지 마세요.
원하고 원해서 견딜 수 없는 상대가
당신의 생각대로 되지 않을 때.
언젠가 그 상대를 잃지 않으면 안 될 때.
당신의 마음은 극심한 고통으로 뒤덮일 것입니다.

'원한다, 갖고 싶다'는
끝없는 갈애의 저주에서 벗어난다면,
당신의 마음은 그 무엇에도 구속되지 않고
자유로워질 것입니다.

-법구경 211

미워서 견딜 수 없는 상대는
만들지 않는다

'무슨 일이 있어도 지금 당장 만나고 싶다,
만나지 못하면 너무 괴롭다.'
이렇게 강하게 욕망하는 대상을 만들지 마세요.
'저 사람은 기본 상식도 모르는 최악의 인간이다.'
이렇게 강하게 혐오하는 대상도 만들지 마세요.

집착하는 대상과 만나지 못하면 늘 고통스럽고,
혐오하는 대상과 함께 있을 때도 역시
고통밖에 느낄 수 없기 때문입니다.

-법구경 210

비뚤어진 애정이라는 속박

가족이나 연인, 오랜 친구 등 가까운 사람들에 대한 애정이 있기에
무심코 그들에게 응석을 부리게 됩니다.
'날 소중히 여긴다면 이 정도는 해줄 것'이라고 제멋대로 생각하며
기대지만, 그 무례한 욕심은 대부분 채워지지 않고, 기분만 우울해
집니다.

애정으로 인한 집착이 너무 강하면 자신을 소중히 여기는지 아닌지
불안해져 두려움이 생깁니다.
그 비뚤어진 애정 탓에 우울감이나 두려움이 생깁니다.
하지만 비뚤어진 애정이라는 속박에서 벗어날 수 있다면
이미 당신에게 우울함이나 두려움은 존재하지 않습니다.

-법구경 212

쇠사슬보다 강하게 우리를 구속하는 것

당신이 쇠사슬에 묶여 있어도
나무로 만들어진 도구에 구속당해 있어도
삼베 끈으로 칭칭 감겨 있어도
그것들은 '강력한 속박'이 아닙니다.

자기가 번 돈에 대한 집착.
사들인 수많은 물건에 대한 집착.
'내 자식은 이렇게 되고, 이렇게 되지 마라.'
'내 배우자는 이렇게 되고, 이렇게는 되지 마라.'
이와 같은 지배욕에 대한 집착.

지혜로운 사람은 이렇게 만족을 모르는 집착이야말로
'강력한 속박'이라는 것을 알고 있습니다.
그 속박은 느슨해 보여도 실은 단단하고 집요하게 얽혀 있어
벗어나기가 몹시 어렵지만, 그 속박을 끊어낸 자는
'이러길 원한다, 저러길 원한다'는 욕망에서 자유롭습니다.

-법구경 345, 346

욕망을 향해 내달리는 생각이
갈애를 키운다

욕망에 홀려 곱씹고 또 곱씹다 보면
생각의 흐름이 막힙니다.
욕망에 사로잡힌 생각 탓에 번뇌가 생기는데
그것을 '좋다'고 정당화한다면
당신의 갈애는 한층 더 거대해질 뿐입니다.

-법구경 349

갈애의 거미줄을 끊는다

혼자서만 쾌락을 맛보고 싶어서
'나를 제대로 이해해 줬으면'
'좀 더 봐줬으면'
'좀 더 평가해 줬으면'
'좀 더 사랑받았으면'
이러한 욕망이 당신을 멋대로 세뇌하게 놔두면,
거미가 스스로 실에 휘감기듯
외로움의 실에 얽혀 그 번뇌에 질식해 버리게 됩니다.

당신이 지혜라는 무기로 이 거미줄을 끊어낸다면
번뇌를 내려놓고 유유히 걸어갈 수 있습니다.

-법구경 347

제멋대로 움직이는 생각을 멈춘다

56

이리저리 흐르고 이것저것 떠올리는,
이 '생각'이라는 괴물을 멈추게 하는 명상에 임하면
'갈애'라는 마귀의 속박에서 벗어날 수 있습니다.

당신이 집착하여 쾌감이라고 착각하는 그것이
'사실 헛된 것'이라고 알려주는 명상에 임하면
'갈애'라는 마귀의 속박을 끊어내고
앞으로 나아갈 수 있습니다.

-법구경 350

140

자신에게 주어진 것을 본다

당신이 자기 손에 주어진 것을 보지 않고
타인의 손에 있는 것을 보고는
'좋다, 갖고 싶다'며 부러워한다면
마음의 고요함은 산산이 부서질 것입니다.

-법구경 365

자신에게 주어진 것에서 행복을 본다

당신 손에 주어진 게 아무리 하찮은 것이라 해도
거기서 행복을 찾아낸다면 '만족을 아는' 충족감으로 인해
마음은 깨끗하게 정화됩니다.
그 맑은 마음의 파동은 눈에 보이지 않는
더 높은 차원의 생명들을 기쁘게 하고 끌어당길 것입니다.

-법구경 366

'있다'와 '없다'에 흔들리지 않는다

당신의 머릿속에 떠오른 생각이나
당신이 소유한 것에 대해
'이것은 내 것이다, 놓고 싶지 않다'며
매달리지 않는다면.

칭찬받지 못해도
사랑받지 못해도
상대가 약속을 지키지 않아도
그러한 모든 '없음'에 대해서
한탄하지 않는다면.

'있다'에 집착하지 않고, '없다'에 슬퍼하지 않는다면
당신의 마음은 무적이라 할 만큼 부드러워집니다.

-경집 950

갈애가 이끄는 대로
방황하지 않는다

당신이여, 명상하여 집중력을 높이세요.
그리고 당신의 내면을 바라보세요.

욕망에 이끌려 좋아하는 것을 좇아
끝없이 방황하지 않도록 마음을 한곳에 집중하세요.
욕망에 빠져 무엇이든 맛있어 보인다고
비트적거리며 뜨거운 쇠구슬을 삼키지 마세요.
무심코 삼키고서 '앗 뜨거워, 배가 뜨겁다'며
울부짖는 일이 없기를.

-법구경 371

타인과 자신을 위해 아낌없이 쓴다

아무도 없는 황무지에 맑은 물이 샘솟고 있어도
아무도 마시러 오지 않으면 언젠가는 말라버립니다.
욕망으로 가득 찬 사람이 무심코 부자가 되면
인색한 탓에 타인을 위해서 쓰지 않고,
자신을 위해서조차 쓰기를 아까워합니다.
쓰이지 않는 돈은,
그 사람이 죽은 뒤 이윽고 말라 없어집니다.

지혜롭고 성실한 사람이라면
자신을 위해서도 타인을 위해서도 아낌없이 쓰고
유쾌하게 살아갑니다.

-상응부경전

욕망은 고통이다

마음속 꿈틀거리는 욕망을 향해
온 세상의 돈이 폭포수처럼 쏟아진다 해도
그 욕망이 충족되는 일은 없습니다.

충족되기는커녕, 쾌감 뒤에는
허무와 고통이 따라옵니다.
그것을 잠재우기 위해 또 다른 것을 원하게 되고
그렇게 욕망은 계속해서 꿈틀거립니다.

욕망이 실현되어 얻어지는 쾌락은 찰나일 뿐.
'욕망은 고통'이란 걸 깨닫는다면
즐거움을 위해 무언가를 갈구하는 마음이 잦아듭니다.

끝없이 갈구하며 울부짖는 마음의 외로움을
잠재우길 원하는 자는,
나의 제자로 불릴 만합니다.

-법구경 186, 187

당신은, 당신의 마음에 쌓인
생각의 집합체

당신이라는 존재는, 과거에 당신이 생각하고 느낀 내용
하나하나가 마음에 쌓이고 섞인 결과물입니다.
당신은 그 마음의 조각보로써 지금 여기에 있습니다.

당신이 나쁜 생각을 한다면 나쁜 업의 에너지가 마음에
각인되고, 그만큼 당신은 나쁜 쪽으로 바뀝니다.
당신이 따스한 생각을 한다면 긍정적인 업의 에너지가
마음에 각인되고, 그만큼 따스한 당신으로 변화합니다
이렇게 인간은 마음에 쌓인 생각대로 조금씩 달라집니다.
모든 것은 그 위에서 생겨나고, 그로 인해 만들어집니다.

/   /

고로 부정적인 마음으로 불쾌한 이야기를 하거나
부정적인 마음에 의해 불쾌한 행동을 하게 되면,
그것은 반드시 자신에게 되돌아옵니다.

온화하고 긍정적인 마음으로 이야기하거나 행동하면,
그것은 편안함으로 반드시 자신에게 되돌아옵니다.
마치 당신의 뒤로 그림자가 반드시 따라 걷듯이 말입니다.

-법구경 1, 2

좋은 일이 떠올랐다면
곧 행동으로 옮긴다

차분한 상태에서 무언가를 하려는 마음이 생기면
서둘러 그것을 실행에 옮겨
선한 업의 에너지를 마음에 새깁니다.
그렇게 함으로써 부정적인 사고가
마음을 차지하는 걸 막을 수 있습니다.

왜냐하면, 모처럼 좋은 일을 하려고 해도
우물쭈물하는 동안
어느 틈에 부정적인 생각이 끼어들기 때문입니다.

예를 들어, '오늘은 청소하자'고 마음먹었다 해도
곧바로 하지 않고 노는 것부터 시작하면
어느 순간 마음이 변해
'역시 시간도 없고 오늘은 그만두자'며
부정적인 업을 쌓게 되는 법입니다.

-법구경 116

부정적인 것을 생각하지 않는다

만일 당신이 부정적인 생각에 사로잡히거나
그것에 의해 부정적으로 말하고 행동한다면,
그 악업을 더 이상 반복하지 않고 멈춰야 합니다.
부정적인 에너지는 자극적이라 습관이 되기에
그 중독에 빠지지 않도록 조심하세요.
부정적인 악업의 에너지를 마음에 담아두는 것은
고통을 늘릴 뿐입니다.

-법구경 117

만약 당신이 업의 법칙을 모른다면

만약 당신이 이제까지 쌓아온 악업의 에너지에 지배를 받고 있다면, 부정적인 사고가 머릿속을 맴돌아 자리에 누워도 잠을 이루지 못할 것입니다.
그 불안한 밤은 몹시도 길어 언제까지고 아침이 찾아오지 않을 것처럼 느껴질 것입니다.

만약 당신이 지쳐서 정신적으로 기진맥진해 있다면,
목적지까지 걸어가는 길은 끝없이 길게 느껴질 것입니다.

그리고 만약 당신이 업의 법칙을 모른 채,
죽고 또다시 태어나기를 반복한다면
그 고통의 윤회는 정신이 아득할 정도로 길어질 것입니다.

-법구경 60

자기 내면을 바라보지 않고 살아간다면

자신의 내면을 응시하지 않는, 어리석은 자는
적에게 하듯 스스로에게 고통을 주며 살아갑니다.
나쁜 업을 쌓고 자멸하는 최후를 맞이할 때까지
자신도 모르게 파멸을 향해서 걸어갑니다.

-법구경 66

나쁜 업

'역시 하지 말았어야 했다'며
나중에 후회하고
고통받을 일을 저질렀다면,
그 일은 악업으로써 마음에 쌓입니다.
그 악업의 부정적인 에너지가 마음속에서 무르익어
이윽고 울면서 고통의 인과응보를 받게 됩니다.

-법구경 67

선한 업

'역시 하지 말았어야 했다'며 나중에 고통받지 않았다면
그 행위는 좋은 업으로써 마음속에 쌓입니다.
그 선한 업을 이룬 깨끗한 에너지가 마음속에서 무르익어
이윽고 즐거운 충만감과 함께 기분 좋은 과보를
받게 될 것입니다.

-법구경 68

나쁜 업이 무르익을 때까지

신선한 우유가 발효되어
요거트로 굳어지기까지는
시간이 걸립니다.

당신이 나쁜 업을 쌓아
부정적인 에너지를 축적했다고 해도
째깍째깍 시한폭탄처럼,
그 에너지가 무르익고 굳어져
나쁜 결과를 불러오기까지는 시간이 걸립니다.

재에 덮인 잔불이 연기를 피우듯
악업의 에너지는 그렇게
당신의 마음속에서 연기를 피우다가
이윽고 타올라 당신을 상처 입힙니다.

-법구경 71

만약 당신이 화의 업을 쌓고 죽는다면

만약 당신이 화의 업을 쌓고 죽는다면,
몸은 사라지고 화의 사념(思念)만이 남아
다시 태어나도 눈앞의 현실은 보이지 않고
오로지 사념만이 꿈속 같은 망상을 만들어
당신의 눈앞에 몇 번이고 거듭해서
화의 환각을 보여줍니다.

예컨대, 피고름이 뒤섞인 가마솥에서
자신이 부글부글 끓고 있는 환각.
거기서 도망쳐도 온몸이 피고름으로 범벅되어
역겨워지는 환각.

과거의 화가 남아서 그 화를 반복하려 하기에,
일부러 화내고 싶어지는 불쾌한 환각만을 보며
고뇌하고 고통받는 처지가 됩니다.

-경집 671

악업의 과보를 받을 때

마음의 법칙을 모르는 자는 자신이 행한 나쁜 행동, 나쁜 말, 나쁜 생각에 의해 마음에 악업의 에너지가 새겨져도 전혀 신경 쓰지 않습니다.

마음의 법칙을 모르는 자는 그 악업의 에너지가 부글부글 끓고 무르익어 이윽고 나쁜 과보를 받을 때까지 '나는 즐겁다, 단물을 빨고 있다'는 망상에 취해 있습니다. 타인에게 오만하게 행동하고 그 순간, 즐겁다고 착각합니다. 미운 사람에 대해 트집을 잡거나 '재수없다'고 생각하며 그 순간은 따분함을 털어낸 듯 착각합니다.

그러나 악업의 에너지가 부글부글 끓어올라
과보를 받을 때가 되면
어리석은 자도 마침내 고통을 맛보게 됩니다.

-법구경 69, 119

저급한 사람이란

행동, 말, 생각에 의해 부정적인 악업을 쌓으면서도 이것을 타인에게 들키지 않으려고 속이고 감추는 사람은 저급한 사람입니다.

예컨대 마음속으로는 '빨리 돌아가고 싶다, 이 사람의 이야기는 지루하다'고 짜증 내며 화의 업을 쌓으면서도 겉으로는 웃는 얼굴로 '당신의 이야기는 위트 넘치고 재미있다'고 속인다면 내면과 겉모습의 모순으로 인해 마음에 번뇌가 쌓입니다.

그렇게 당신은 점차 저급한 사람이 되어갑니다.

-경집 127

나쁜 업이 줄지 않는 것은

'저 사람은 이것이 좋지 않다.'
'이 사람은 패션감각이 없다.'
'저 사람은 성격이 비뚤어졌다.'
타인의 문제점만 보고 늘 헐뜯는다면,
그것이야말로 여러 번뇌의 에너지가 축적되는 것이므로
언제까지고 부정적인 업은 줄어들지 않습니다.

-법구경 253

나쁜 업의 에너지를
가볍게 보지 않는다

자신의 행동, 말, 생각에 의해 만들어지는
악업의 에너지를 가벼이 보고
'나에게만은 그 과보가 돌아오지 않는다'고
착각하지 마세요.
똑똑 떨어지는 물방울로도
마침내 물병은 가득 채워집니다.

나쁜 에너지는 당신의 마음속 물병에 똑똑 떨어져 쌓이고
이윽고 당신의 마음은 나쁜 에너지로 가득 차게 됩니다.

-법구경 121

선한 업의 에너지를
가볍게 보지 않는다

자신의 행동, 말, 생각에 의해
마음에 새겨지는 선한 업의 에너지를 가벼이 보고
어차피 좋은 일을 해도 그 과보는 내게 돌아오지 않으니
아무래도 상관없다며 내팽개치지 마세요.

보는 사람이 없어도 다음 사람을 위해
공중화장실 변기에 묻은 오물을 닦아내는
그 한 방울의 선한 마음이 쌓여
이윽고 물병을 가득 채웁니다.

선한 업의 긍정적인 에너지가 마음속 물병에 똑똑 떨어져
조금씩 쌓이고 마침내 기분 좋은 과보를 불러옵니다.

-법구경 122

행동과 말과 생각이, 업이 된다

부정적인 행동이나
부정적인 말이나
부정적인 생각을 할 바에는
아무것도 하지 않고, 아무것도 말하지 않고,
아무것도 생각하지 않는 게 낫습니다.

그것들에 의한 부정적인 업의 에너지는
마음속에 쌓여 나중에는 자신을 괴롭히기 때문입니다.

긍정적인 행동이나 긍정적인 말,
긍정적인 생각이 떠오를 때는
무엇이든 좋으니 일단은 실행하는 게 낫습니다.
어찌 해도 나중에 고통받는 일은 없을 테니까요.

-법구경 314

선한 업이 무르익을 때까지

선한 행동, 선한 말, 선한 생각에 의해
마음에 새겨진 긍정적인 에너지가 잘 익어서
선업의 과보를 맞이하기 전
악, 즉 불행이 찾아오기도 합니다.
그러나 긍정적인 에너지가 무르익으면
결국 여러 가지 행복을 맞이하게 됩니다.

-법구경 120

부정적인 생각을 이겨낸 사람의
네 가지 안도감

부정적인 생각을 이겨낸 당신이 욕망에서 벗어나 화나 미혹의 안개를 벗고 마음이 깨끗해진다면, 다음 네 가지의 안도감이 생길 것입니다.

만일 업에 따른 과보와 윤회가 진실이라면, 당신이 믿든 믿지 않든, 당신은 사후에 좋은 삶으로 환생합니다.

만일 죽으면 끝이고, 윤회가 거짓이라 해도, 이번 생에서 화내지 않고 고통받지 않았기에 편안합니다.

만일 악업이 고통을 불러오는 게 진실이라면, '나쁜 에너지를 만들지 않았기에 고통은 찾아오지 않는다'고 안도할 수 있습니다.

만일 악업이 고통을 불러오지 않는다고 해도 '나쁜 에너지가 고이지 않기에 마음이 깨끗하고 맑다'며 미소 지을 수 있습니다.

-증지부경전

자업자득

'자신'이라는 괴물은
마음속에 생긴 욕망, 화, 미혹으로
조금씩 상처를 입습니다.

'자신'이라는 괴물은
마음속에 욕망, 화, 미혹을 떠올리지 않음으로써
조금씩 깨끗해집니다.

더러워지는 것도, 깨끗해지는 것도 모두 자업자득입니다.
타인이 타인의 마음을 깨끗이 해줄 수는 없으니
쓸데없는 참견은 하지 마세요.

-법구경 165

독은 상처가 없는 손에
스며들지 못한다

무언가를 만지는 손에 상처가 없다면
독이 묻어도 침투할 수 없기에
그 손으로 태연히 독을 다룰 수 있습니다.

상처 없는 자에게 독이 영향을 미칠 수 없듯
마음에 악업이라는 상처가 없는 자에게는
비난도, 중상도, 재난이라는 독조차도
전혀 침투할 수 없습니다.

악업의 에너지를 쌓지 않은 사람에게는
악, 즉 불행은 찾아오지 않습니다.

-법구경 124

업은 바꿀 수 있다

피부색이나
왕의 자녀인지, 사장의 자녀인지,
평민의 자녀인지, 노예의 자녀인지와 같은 계급이나
타고난 외모라는 조건에 의해
사람이 비천해지는 것도,
고귀해지는 것도 아닙니다.

지금까지 마음에 새겨온 업의 에너지에 의해
점차 비천한 사람이 되기도 하고,
그 업의 에너지를 변화시킴으로써
점차 고귀한 사람이 되기도 하는 것입니다.

-경집 136

나쁜 업을 없애는 방법

공중으로 날아 도망쳐도 무리입니다.

바닷속으로 숨어 도망쳐도 소용없습니다.

산속 깊은 곳으로 도망쳐도 무의미합니다.

이 세상 어디에도 도망갈 곳은 없습니다.

지금까지 쌓아온 악업의 과보에서 결코 달아날 수 없어

언젠가는 그 '빚'을 갚게 됩니다.

기분 나쁜 일을 당해도, 도망치지 않고, 거절하지 않고

'이 정도의 과보로 끝낼 수 있어 다행'이라며 받아들인다면 나쁜 업

보의 빚을 없앨 수 있습니다.

-법구경 127

부정적인 행동, 말, 생각이
불행한 인생을 만든다

부정적인 행동, 부정적인 말, 부정적인 사고를 하는
버릇 때문에 마음에 악업을 새기면,
살아 있는 동안에 그 업의 에너지로 인해
늘 화내고 불행한 나날을 보내게 됩니다.

이윽고 죽어서는 좋지 않은 삶으로 환생하게 됩니다.
생을 사는 동안에는
'나는 비난받을 일을 많이 해왔다,
들키면 어쩌지'라며 초조해하고,
사후에는 나쁜 환생을 해 더욱 고통받습니다.

-법구경 17

긍정적인 행동, 말, 생각이
행복한 인생을 만든다

당신이 긍정적인 행동, 긍정적인 말,
긍정적인 사고를 통해
선한 업을 마음에 새겨왔다면

살아 있는 동안에도, 이윽고 죽어서도
행복한 환생을 하여
이번 생에서도 다음 생에서도
안심하고 살아갈 수 있습니다.

'나는 누구에게도 손가락질 받을 일을
한 적이 없다'고 안심하고,
사후에는 선하게 환생하여
더욱 걱정 없는 생활을 보낼 수 있습니다.

-법구경 18

5부

친구를 선택한다

마음을 개선하려는 친구와 만났다면

인생의 여정을 걸어갈 때,
마음의 개선을 목표로 삼는 친구와 만났다면
서로의 결점을 변화시킬 수 있습니다.

그런 귀중한 친구와 만났다면
온갖 장애를 뛰어넘어
비록 그 사람의 얼굴을 좋아하지 않아도
비록 그 사람에게 재능이 없어도
그 사람과 함께 걸어가는 게 좋습니다.

물론 함께 있어도
철저히 자기 내면을 응시하는 걸 잊지 마세요.

-경집 45

그러한 친구를 만나지 못했다면

당신이 인생의 여정을 걸어갈 때,

마음의 변화를 목표로 하는 친구와 만나지 못했다면.

함께 마음의 성장을 격려하는,

그런 귀중한 친구와 만나지 못했다면.

모처럼 정복한 나라를 아낌없이 버리는 왕처럼,

홀로 걸어가는 게 좋습니다.

마치 하나만 우뚝 솟아 있는 무소의 뿔처럼.

-경집 46

자신보다 성격이 좋은 친구를 갖는다

당신이 인생 길을 걸어갈 때
자신보다 성격이 좋은 친구
혹은 모처럼 자신과 비슷할 만큼
성격이 좋은 친구와는 사귀어도 좋습니다.
당신의 마음은 상대를 따라
자신도 모르는 사이에 좋아질 것입니다.

자신보다 성격이 나쁜 친구밖에 만날 수 없다면
차라리 홀가분하게 '혼자'를 즐기며
홀로 걷는 게 좋습니다.
마치 하나만 우뚝 솟아 있는 무소의 뿔처럼.

-경집 47

나쁜 친구를 사귈 바에야 홀로 걷는다

유명한 공예가가 만든 반짝이는 금팔찌라도
두 개를 한쪽 팔에 함께 차고 있으면
서로 부딪쳐 시끄럽습니다.
당신보다 성격이 나쁜,
당신과 어울리지 않는 친구와 있는 것도 이와 비슷하여
둘의 마음은 서로 부딪치고
시끄럽게 감정을 휘저어 놓습니다.

그것을 안다면
차라리 혼자서 걷는 게 상쾌합니다.
마치 하나만 우뚝 솟아 있는 무소의 뿔처럼.

-경집 48

212

친구인 척하는 가짜 친구 1

당신이여, 다음의 네 가지 특성을 보이는 '원하기만 하는' 사람은 친구가 아닌 친구인 척하는 사람이므로 가까이하지 마세요.

첫째, 당신의 사정은 아랑곳하지 않고 '이거 해달라, 저거 해달라' 요구만 합니다.

둘째, 조금 도와주거나 약간의 친절을 베풀고선 많은 대가를 원합니다.

셋째, 당신에게 미움받을까 두려워서 친절을 베풉니다. 이런 사람은 안심이 되면 갑자기 태도가 달라집니다.

넷째, 당신과 친구로 지내면 어떤 이득이 있을지 계산만 합니다.

이 네 가지를 갖춘 사람이라면 멀리하세요.

-장부경전 「육방예경」

친구인 척하는 가짜 친구 2

당신이여, 다음의 네 가지 특성을 보이는 '말뿐인' 친구는
친구가 아닌 친구인 척하는 사람이므로 가까이하지 마세요.

첫째, '유감이다, 이번 주는 일이 있어 못 갔지만 지난주였다면 갈
수 있었다'며 과거의 돌이킬 수 없는 일로 아첨합니다.
둘째, '유감이다, 오늘은 다른 약속이 있어 안 되지만 다음에 한가
할 때는 일을 돕겠다'며 미래의 가능성 없는 일로 아첨합니다.
셋째, 당신이 곤경에 처했을 때 그 곤란을 해결하기 위한 도움은 주
지 않고 그럴 듯한 말로 아첨합니다. '그거 참 곤란하겠다. 그런데
너의 예쁜 고양이는 잘 있니? 그렇게 귀여운 고양이가 있어 좋겠다'
면서.
넷째, '지금 이 일부터 도와달라'고 부탁한 것에는 '미안하다, 지금
은 어렵다'며 거절합니다.

-장부경전 『육방예경』

친구인 척하는 가짜 친구 3

당신이여, 다음의 네 가지 특성을 보이는 '듣기 좋은 말만 하는' 친구는 친구가 아닌 친구인 척하는 사람이므로 가까이하지 마세요.

첫째, 나쁜 일에도 '응응, 그래'라며 말로 동조합니다. 예컨대, 당신이 누군가를 험담하면서 마음속에 추악함을 쌓아도 적당히 '그래그래'라고 말합니다.

둘째, 좋은 일에도 '그렇다'고 말로만 동의합니다. 당신이 모처럼 멋진 아이디어를 내놓아도 제대로 들어주지 않고 건성으로 '그래'라고 대답하며 대화를 김빠지게 합니다.

셋째, 눈앞에서는 '너 진짜 대단하다'거나 '역시 존경스럽다'며 항상 칭찬만 합니다.

넷째, 당신이 없는 곳에서는 '저 사람은 조금만 칭찬해줘도 우쭐댄다'고 험담합니다.

-장부경전 『육방예경』

친구인 척하는 가짜 친구 4

당신이여, 다음의 네 가지 특성을 보이는 '재산을 줄이는 계기가 되는' 친구는 친구가 아닌 친구인 척하는 사람이므로 가까이하지 마세요.

첫째, 자기 내면을 들여다보지 못하게 감정을 흐트러뜨리는 일, 즉 술을 마시러 갈 때만 동행합니다.
둘째, 밤늦게 거리로 놀러 갈 때만 동행합니다.
셋째, 영화나 콘서트 등 자신의 내면에서 눈을 돌려 한눈팔게 하는 오락거리가 있을 때만 동행합니다.
넷째, 두근두근 흥분을 일으켜 자기 내면을 망각하게 하는 것, 즉 도박할 때만 동행합니다.

-장부경전 『육방예경』

차라리 혼자가 개운하다

현대인들은 '이 사람과 친구가 되면 어떤 이득이 있을지'
그것만을 무의식적으로 계산해서
사람을 사귀거나 친절히 대합니다.
요즘 세상에서는 이러한 계산적인 욕망에 오염되지 않은
진짜 친구를 찾기란 어렵습니다.

당신 주변의 사람들이
자신의 손익에만 집착하여 교활하다면
차라리 혼자가 되는 것이 좋은 일입니다.
마치 하나만 우뚝 솟아 있는 무소의 뿔처럼.

-경집 75

말만 하고 아무것도 해주지 않는 사람은
친구가 아니다

'나는 당신의 친구'라고 부끄럼 없이 말하면서,
정작 그가 할 수 있는 일을 부탁해도
'아니, 지금은 마침 너구리를 키우고 있어서 바쁘다'는
식의 핑계를 대고 아무것도 하지 않는 사람.
이런 사람은 친구가 아니므로 멀리하세요.

-경집 253

공허한 말을 하는 사람은
친구가 아니다

'내가 이렇게 신세를 많이 졌으니, 다음에 도움이 필요한 일이 생기면 언제든 나를 불러 달라.'

이런 식으로, 자신이 실질적인 도움을 받아 빚을 지면 그 부담감 때문에 마음에도 없는 말을 합니다. 그러나 막상 당신에게 도움의 손길이 필요할 때는 보고도 못 본 척합니다. 이렇게 경솔하고 말만 번지르르한 사람은 친구가 아닙니다.

-경집 254

빚을 떼어먹는 사람을
친구로 두지 말 것

당신한테 돈을 빌리고 갚을 때가 되어 '이제 돌려달라'고 재촉하면 몸을 사리고 손해 보기 싫어서 도망칠 궁리를 하는 사람.

그들은 마음속으로 투덜대며 '당신한테 빚진 거 없다'고 자신을 속입니다. 이런 식으로 빚을 갚지 않는 사람이야말로 진정으로 야비한 사람입니다.

-경집 120

평가하지 않는 사람을
친구로 삼는다

당신이 하는 말에 어떤 결점이 있는지
늘 집요하게 감시하고
결점을 찾아 다툴 기회를 엿보는 사람.
이런 사람은 친구가 아니므로 멀리하세요.

당신을 '좋다'거나 '나쁘다'거나
이러쿵저러쿵 평가하지 않고 그저 따른다면
그가 바로 친구입니다.

마치 아이가 이것저것 따지지 않고
어머니의 품속으로 뛰어들 듯
한결같은 마음으로 뛰어드는 그 우정은
타인이 방해할 수 없을 만큼 강고하게 맺어져 있습니다.

-경집 255

마음이 정돈된 사람들끼리 살아간다

겉으로는 뛰어난 재능을 보여도
자기 내면을 응시하지 않고
감정을 통제하지 않는 사람과는
친구가 되지 마세요.

그런 사람과 친해지면 당신은 오랫동안
그 사람의 욕망이나 화에 영향을 받아
나쁜 생각을 하게 될 것입니다.

자신의 감정을 통제하지 않는 사람과 함께 생활하는 것은
기분 나쁜 적과 함께 사는 것과 같습니다.
그것은 계속 당신에게 고통을 안겨줍니다.

마음이 정돈된 사람끼리 친밀하게 살아가는 게
마음의 평온과 서로의 성장에 도움이 됩니다.

-법구경 207

친구에게 마음속에
담아 둔 것을 말할 때에는

'지적하고 싶은데, 어쩌지'라고 마음속에 몰래 간직한 말이
사실과 다르거나 상대에게 상처 주는 말이라면 결코 말하지 마세요.
만약 그 간직한 말이 사실일지라도 그것이 상대에게 상처를 주는
말이라면 말하지 않는 연습을 하세요.

만약 마음속에 간직한 그 말이 사실이고, 상대에게 상처를 주지 않
고 도리어 이득이 되는 것이라면 적어도 때를 본 다음 전하세요.
예를 들어, 상대방이 휴대전화만 보기에 서운함을 느낀다면 '함께
있을 때 저러는 건 실례라고 생각되지 않는가?'라고 울컥 화가 나더
라도 그 화를 잠재우고 마음이 가라앉기를 기다렸다가 차분하게 전
하는 게 좋습니다.
'함께 있을 때 휴대전화만 보면 내가 심심하니까 조금 참아줬으면
좋겠다'고 말이지요.

-중부경전 『무쟁분별경』

때로는 친구와 멀어지는 것도 좋다

꼭 필요하다고 생각될 때는, 잘못된 방향으로 나아가려는 친구에게 조언하여, 부정적인 사고방식이나 말투에서 벗어나도록 도와주는 것도 서로를 위한 일입니다.
친구로 삼을 만한 가치가 있는 성실한 사람이라면,
당신의 말에 기꺼이 귀 기울여 줄 것입니다.

그러나 상대가 친구로 삼을 만한 가치가 없는, 듣는 귀를 가지지 않은 사람이라면 당신은 그 사람으로부터 '시끄럽다'는 말을 듣고 멀어질 테지요.
하지만 그 결과로 그 사람에게 미움을 받고 친해지지 않기에 당신에게는 오히려 잘된 일입니다.

-법구경 77

보물이 있는 곳을 알려주는 사람

당신이 자각하지 못하는, 성격상의 결점을 깨닫게 해주는 사람은,
숨겨진 보물이 있는 곳을 알려주는 사람과 같습니다.
그런 사람을 만나면 자신의 문제점을 가차 없이 지적받고 아픔을
느끼고 피하고 싶어질지 몰라도 오히려 친한 친구가 되어야 합니다.
당신의 단점까지 꿰뚫어 볼 만큼 당신을 이해하는 사람을
친구나 파트너로 두면 함께 성장할 수 있습니다.

-법구경 76

이런 사람과 함께하라

자기 내면을 응시하지 않고
마음속 진리를 외면하는 사람과는
친하게 지내지 마세요.
자신의 마음을 응시하려는 생각 없이
적당히 살아가는 사람과는 어울리지 마세요.
자신의 마음을 감시하고 향상시키려는 사람,
그런 사람을 친구나 반려자로 두고 친하게 지내세요.
마음이 맑은 사람과 함께하세요.

-법구경 78

6부

행복을 안다

가진 것에 집착하지 않는다

당신이여, 나는 가진 것에 집착하지 않습니다.
그런 까닭에 만일 명품 옷을 잃어버려도
'며칠을 찾아다녔지만 찾지 못했다, 어떡하지'라며
불안해하는 일이 결코 없습니다.
고로, 나는 행복합니다.

-상응부경전

성과에 집착하지 않는다

당신이여, 나는 성과에 집착하지 않습니다.
그런 까닭에, 밭에 씨를 뿌렸는데 올해는 흉작이라
조금밖에 수확하지 못했다며 괴로워하지 않습니다.
열심히 일하고 제대로 평가받지 못했다 해도
'세상 사람들은 보는 눈이 없다'며 곡해하여
스트레스 받지 않습니다.
고로, 나는 행복합니다.

-상응부경전

음식에 집착하지 않는다

당신이여, 나는 음식에 집착하지 않습니다.
그런 까닭에 비축한 음식이 떨어져도
'어쩌지, 빨리 사러 가야 한다'며
조바심 내는 고통이 없습니다.

음식이 많이 있어도 적정량을 먹기에
'어떡하지, 스트레스 때문에 과식해서 배가 아프다'는
고통은 결코 생기지 않습니다.
고로, 나는 행복합니다.

-상응부경전

자는 곳에 집착하지 않는다

당신이여, 나는 잠자리에 집착하지 않습니다.
그런 까닭에 벼룩이나 이가 들끓는 이부자리에서조차
기분 나쁘지 않게 긴장을 풀고 잠들 수 있습니다.
포근한 이부자리에서 잘 수 없기에
'오늘 밤은 잠자리가 불편하다'며
안절부절 잠들지 못하는 일도 없습니다.
고로, 나는 행복합니다.

-상응부경전

자식에게 집착하지 않는다

당신이여, 내게는 라훌라라는 이름의 자식이 있지만, 그 아이에게 집착하지 않습니다.

가르친 만큼 '실력이 생기지 않아 성에 차지 않는다'며 발끈하는 일이 없습니다.

아이를 키우는 데 많은 돈을 썼기에 '보답받지 않으면 성에 차지 않는다'며 빚쟁이 같은 생각으로 화내는 일도 없습니다.

고로, 나는 행복합니다.

-상응부경전

파트너에 집착하지 않는다

당신이여, 나는 파트너에 집착하지 않습니다.
그런 까닭에 파트너가 아침부터
나로서는 전혀 흥미가 없는 음악을 틀어도
'내가 좋아하지 않는 걸 알면서 왜 그런 걸 트는가'라고
신경이 곤두선 아침을 맞이할 걱정이 없습니다.
고로, 나는 행복합니다.

-상응부경전

돈벌이에 집착하지 않는다

당신이여, 나는 돈과는 무관하게 살고 있습니다.

그런 까닭에 '만일 돈이 다 떨어지면 어쩌지'와 같은

걱정은 눈곱만큼도 하지 않습니다.

공허함에 사로잡혀 '돈으로 모든 걸 마음대로 하겠다'는 궁핍한 마음도 가지지 않습니다.

고로, 나는 행복합니다.

-상응부경전

뛰어난 사람 곁에 머문다

당신보다도 마음이 흐트러져 있어
당신에게 악영향을 줄 수밖에 없는 사람은
정중히 대하되 친한 사이가 되지 않도록 주의하세요.
마음이 말끔히 정돈되어 함께 있는 것만으로도
좋은 영향을 받을 수 있는 사람이라면 친하게 지내세요.
이것이 최고의 행복입니다.

그렇게 뛰어난 사람을 존경하며
그에게 무언가를 건넬 때의 즐거움,
이것이 최고의 행복입니다.

-경집 259

분수에 맞는 곳에서 산다

유명인사라도 된 듯,
자신의 수입이나 현재의 상태와
어울리지 않는 고급 주택가에 살거나
사람을 오만하게 만드는 호화저택에 살면
마음이 불안정해집니다.

분수에 맞는 주거에서 차분하게, 극히 평범하게 사는 것
이것이 최고의 행복입니다.

-경집 260

안심하고 지낸다

몸으로 행하는 행동도, 입으로 행하는 말도,
마음으로 행하는 생각도
부정적인 방향으로 폭주하지 않도록 잘 관리합니다.
이것이 최고의 행복입니다.

이제껏 마음속에 쌓아온 선한 에너지가 많다면
앞으로도 안심할 수 있습니다.
이것이 최고의 행복입니다.

-경집 260

기술을 익혀 타인에게 도움이 된다

'나는 이제 어엿한 사람이 되었다'고 생각하는 대신
널리 사람들의 이야기를 듣고 배우는 것을 멈추지 마세요.
그것이 최고의 행복입니다.

살아가기 위해 도움이 되는 기술을 익히고,
그것으로 타인에게 힘이 되어주는 것.
그것이 최고의 행복입니다.

-경집 261

몸에 밴 기품이 감돈다

마음의 예절이라는 것은 단시간에
몸에 배는 게 아닙니다.
오랜 시간에 걸쳐 차분히 마음의 예절을 몸에 익히고
그로 인해 험담이나 자랑이나 난잡한 행동을 하지 않을 때
자연스럽게 당신 주변에는 기품이 감돕니다.

-경집 261

가족을 소중히 여긴다

지금까지 당신을 대가 없이 돌봐준 부모에게는 빚이 있는 것이므로, 부모에게 잘하고 은혜를 갚는 것은 정신적인 빚을 말끔히 청산하는 일입니다.
빚을 갚고 자립하는 것, 그것이 최고의 행복입니다.

아내나 남편을 뒷바라지하고 아이를 보살피기 위해서라도
마음을 다잡고 일에 몰두하세요. 거기서 삶의 보람을 느끼세요.

가족을 소중히 하는 마음의 여유를 가지세요.

-경집 262, 263

인색한 자신을 뛰어넘는다

'이건 내 돈이다, 누구에게도 줄 수 없다'는
인색함을 줄이고
불안한 마음을 내려놓기 위해서라도
가진 것을 남과 나누세요.

문득 좋아하는 것을 독차지하고 싶어도
함께 나누면 더 즐겁습니다.

누군가에게 줄 선물을 살 때,
무심코 가격 때문에 머뭇거려져도
기꺼이 사고 나면 기분이 좋아집니다.

그렇게 '인색함'을 극복하여 자신을 이기세요.

-경집 263

원인과 결과의 법칙을 의식한다

마음의 원인과 결과의 법칙성을 의식하고
고통스러운 결과를 가져오는
부정적인 사고에서 벗어나 행동합니다.
그렇게 기분 좋은 결과를 얻어내는 것,
이것이 행복입니다.

자신의 행동이 누구에게도 비난받을 리 없다고
당당히 말할 수 있을 만큼
아무것도 속이지 않고 행동하는 것,
이것이 행복입니다.

-경집 263

/   /

말과 행동을 통제한다

몸으로 하는 행동 중 살생이나 불륜처럼
고통을 넓히는 행동을 멀리하세요.
입에서 나오는 말 중 험담이나 소문,
자기 자랑과 거짓말을 멀리하세요.
마음속 욕망에서 나오는 생각 중
망상이나 분노에 의한 상상을 멀리하세요.
마음의 명석함과 집중력을 파괴하는
음주를 자제하고, 마음을 단련함으로써 끝없이 성장하세요.

-경집 264

만족하는 기쁨

마음이 정돈된 사람을 존경하면서,
잘난 척하는 일 없이 누구에게나 정중하세요.

'지금 여기가 아닌 어딘가'
'지금 여기에 없는 무언가'를
'좀 더, 좀 더' 구하며 들떠서 방황하는 걸 멈추고
'지금 여기에 있는 극히 평범한 물건과 사람'에 만족하면
마음이 따뜻해지고 만족감이 차오릅니다.

지금껏 다른 사람에게 받아온 은혜를 떠올리고
그것에 보답하려는 밝은 마음이 샘솟아 오른다면
이것이 행복입니다.

마음의 법칙에 대한

가르침을 듣거나 읽음으로써

무심코 잊을 뻔했던 진리를 반복하여

마음에 새기고 성장해 나가는 것. 이것이 행복입니다.

-경집 265

마음을 단련하는 기쁨1

나쁜 일을 당해도, 나쁜 말을 들어도
상처받지 않는 강인함을 익히세요.

귀가 따가운 말을 들어도,
그것이 자신을 좋은 방향으로 변화시킨다면
자존심 같은 건 버리고 들으세요.
그런 솔직함을 몸에 익히세요.

마음을 닦고자 할 때, 훌륭한 수행자를 만나 배우는 것,
적절한 시기에 마음의 구조에 대해
대화 나눌 상대가 있는 것, 이것이 행복입니다.

-경집 266

/　　　/

마음을 단련하는 기쁨 2

스스로 지키고자 하는 마음의 규칙을 정하고
집중력과 자기 관찰력을 높이는 훈련을 하세요.

그러한 노력을 통해
몸과 마음에 고통을 일으키는 구조를
꿰뚫어 보고, 고통을 줄여나가면
마침내 마음에 평온함이 깃듭니다.

-경집 267

좋을 때도, 나쁠 때도
흔들리지 않는다

유익한 정보를 얻거나 만사가 순조롭게 흘러갈 때에도 들떠서는 안
됩니다.
나쁜 정보를 듣거나 역경 앞에 서게 될 때에도 주눅 들거나 약해져
서는 안 됩니다.
어떠한 상황 속에서도 마음이 흔들리거나 부정적으로 생각해서는
안 됩니다.

마음속 잡음에서 벗어나 편안해지세요.

-경집 268

언제, 어디서든
무슨 일이 있어도 행복하다

마음이 편안하고 평온하다면
어디에서 무슨 일이 일어나도
마음이 꺾이는 일도 없고, 주눅 들지도 않고
좌절하는 일도 없습니다.
그런 까닭으로 어디에 있든 마음이 행복할 수 있습니다.

-경집 269

7부

자
신
을 안
다

자신의 좋지 않은 점은
잘 보이지 않는다

다른 사람의 좋지 않은 점은 매우 잘 보여 무심코 지적하고 싶어집니다. 좀처럼 보이지 않는 것은 자신의 좋지 않은 점입니다.

스스로 '좋은 사람'이고자 하지만 실은 타인에게 나의 선의를 억지로 쥐어주고 있는지도 모릅니다.

성실히 사죄할 생각이지만 용서받지 못하면 곧 화가 나는 위선자일지도 모릅니다. 이러한 '비뚤어진 자신의 본성'이야말로 잘 보이지 않습니다.

타인의 문제점을 지적하면서 '저것을 정확히 지적할 수 있는 훌륭한 나는 문제없다'고 착각하는 까닭에 자신의 문제점은 가려집니다.
마치 도박장에서 자신에게 불리한 패가 나오면
손을 써서 속이려는 도박꾼처럼 말입니다.

-법구경 252

/   /

자기 내면을 알아차린다

자기 내면을 응시하면, 몽롱한 의식을 깨울 수 있습니다.
'지금 게으름 피우고 싶은 욕구가 생겼다.'
'지금 상사에게 화가 났다.'
'다시 화가 잦아들고 있다.'
'이번에는 응석을 부리고 싶다.'
'지금은 막연히 불안해졌다.'
이렇게 자기 내면을 의식하여 늘 알아차린다면
혼란한 마음이 정리되어 명료해집니다.

-법구경 21

자유의 몸에 다다른 사람

자기 내면의 변화를 바라보고 끊임없이
스스로와 대면하는 사람을 '명상가'라고 부릅니다.
자기 내면을 끝없이 응시하며 조절하는 사람은
결국 마음의 평온과 자유에 다다릅니다.
생존본능에 지배당해,
무의식적으로 폭주해 온 노예와 같은 상태에서
마침내 자유의 몸으로 다시 태어나게 됩니다.

-법구경 23

남을 헐뜯는 데 열중하는 이유

어리석게도 뒤에서 자신을 조종하는 무의식을 알아차리지 못하고, 그 어두운 마음에 조종당하는 사람은 자신의 마음 밑바닥이 얼마나 더러운지 알지 못합니다. 그 불편한 진실이 보기 싫어 자기 내면을 외면하는 데 전념합니다.

내면에서 눈길을 돌리기 위해 타인을 험담하거나 영화나 게임, 드라마의 세계에 빠지거나 좋아하는 음악이나 사상에 열중하고 의존합니다.

마음의 자유를 원하는 사람은, 자신을 지배하는 의존증이나 혐오감의 정체를 꿰뚫어 보고, 그것을 부수기 위해 자기 내면을 감시하고 마음 깊은 곳을 탐색하는 데 전념합니다.

-법구경 26

오락이나 잡담에 열중하는 이유

자기 내면을 응시하는 것을 게을리하면서
자신을 속이는 오락이나 잡담에 열중하지 마세요.
그것들이 제공하는 겉으로 보이는 즐거움에 굴복하는 대신,
자기 내면에서 '지금 무슨 일이 일어나고 있는지'를
응시하는 명상가는 이윽고 마음의 평화에 다다릅니다.

-법구경 27

당신이여, 자기 내면을 감시하고 통제할 수 없게 만드는 원인 즉, 술을 마시는 데는 여섯 가지 단점이 있습니다.

첫째, 술값과 음식비가 듭니다.
둘째, 자기 통제력이 흐릿해져 싸우기 쉽습니다.
셋째, 장기에 손상을 주어 병에 걸립니다.
넷째, '술을 자제하지 못하는 사람'으로 인식되어 신용을 잃습니다.
다섯째, 성욕에 사로잡혀, 바람을 피우거나 불륜을 저지르기 쉽습니다.
여섯째, 뇌신경의 연결이 이상해져 지적능력이 떨어집니다.

-장부경전『육방예경』

당신을 괴롭히는 것은

당신을 괴롭히는 감정 즉, 이룰 수 없는 걸 갈구하는 욕망과 영원히
반복되는 화는 타인이 만든 게 아니라 당신의 심신에서 생겨납니다.

좋고 싫음이라는 어리광도, 공포로 흠칫 놀라는 마음도
당신 자신에 의해 만들어집니다.

수많은 쓸데없는 생각과 망상도 당신에게서 생겨나 마치 소년들이
장난으로 까마귀를 사로잡아 괴롭히듯이 당신의 마음을 사로잡고
괴롭힙니다.

-경집 271

번뇌를 태워버리는 불꽃

멍한 채로 언제까지고 타인에게 의존하거나
의욕이 넘쳤다가도 한순간에 싫어지는 등
마음이란 것은 제멋대로 폭주합니다.

자신의 내면을 감시하는 사람은 아주 잠깐의 틈에도
마음이 이상한 방향으로
멋대로 폭주할 우려가 있다는 것을 잘 압니다.

폭주하는 번뇌에 마음이 구속당할 때마다
내면을 감시하는 불꽃으로
크고 작은 번뇌를 태우며 앞으로 나아가야 합니다.

-법구경 31

마음의 주인이 된다

당신은 자기 마음의 노예가 아니라
주인이 되어야 합니다.
당신이야말로 당신이 마지막으로 의지할 곳입니다.
자신 이외의 무엇에도 기대지 말고
스스로 마음을 다스리세요.
마치 자신의 망아지를 정성껏 길들이듯이.

-법구경 380

스스로 자신을 격려하고,
스스로 자신에게 충고합니다.
스스로 자신을 지키고, 자기 내면을 응시하면
당신은 언제든 마음 평온한 나날을 보낼 수 있습니다.

-법구경 379

쉬운 길을 선택한 사람

부끄러움을 모르고 타인을 곤란하게 만드는 사람.
모이를 마구 흐트러뜨리는 까마귀처럼 뻔뻔한 사람.
자기주장을 밀어붙이면서 막무가내로 난폭한 사람.
마음 그릇은 작은 주제에 마치 왕처럼 잘난 듯 구는 사람.
'당신이 뭐라도 된 거 같은가?'라고 말하고 싶을 만큼
교만한 사람.

그들은 마음을 성장시키는 어려운 길을 버리고,
추락하며 고통이 늘어갈 뿐인 쉬운 길을 택했습니다.

-법구경 244

어려운 길을 선택한 사람

부끄러움을 알고 감정의 폭주를 억제하는 사람.
마음의 욕망, 화, 미망이라는 세 가지 독을
희석시키는 사람.
집착을 슬며시 내려놓는 사람.
무심코 잘난 척하려는 오만함을 다 버리고자 하는 사람.
매일 고통 없이 산뜻한 생활을 지키고자 하는 사람.
그리고 자신의 마음을 관찰하는 사람.

그들은 자신의 마음과 싸워서 고통을 없애려는
모험의 길을 일부러 선택했습니다.
그러한 삶은 힘들지만 도전하는 보람이 있습니다.

-법구경 245

부처의 가르침의 정수 1

욕망, 화, 미망이라는 이름의 악을 만들지 않고
마음을 선하고 밝게 정화하여 성격을 개선하는 것.

단지 이 정도가
부처가 전하려고 하는 가르침의 정수입니다.

-법구경 183

부처의 제자가 되기 위해서는

'더 이상 견딜 수 없을 정도'의 역경에 처해도,
온갖 비난이 쏟아져도 결국 참아내는 것.
그것은 당신의 온화함을 키우는 가장 좋은 시련입니다.
마음의 평안함만이 최고의 가치라는 것을 깨달은 자들은
입을 모아 말합니다.

평안함을 버린 채,
타인에게 상처 주고 고뇌를 안겨주면
당신은 결국 타락하고 말 것이라고.

-법구경 184

다른 이를 나쁘게 말하지 않고,
다른 이에게 상처 주지 않습니다.
스스로 '이렇게 하자'고 마음으로 정한 규칙을 지키고,
자신을 철저히 통제합니다.

식사는 많지도 적지도 않게 적당량을 먹습니다.
혼자서 조용히 일어나
마음의 성장, 즉 성격 개선에 힘씁니다.

단지 이 정도가
부처가 전하려고 하는 가르침의 정수입니다.

-법구경 185

번뇌를 태워버리는 불을 지핀다

당신이여, 좋은 향을 피우거나
액막이 의식을 하거나
호마(護摩)°의 불을 피워 의식을 치렀다고 해서
마음이 정화됐다고 믿어서는 안 됩니다.
그것은 단순한 겉치레에 지나지 않습니다.

당신이여, 나는 호마의 불을 피우는 대신
마음속에 강렬한 불을 지폈습니다.
마음속에 꺼지지 않는 불을 피우고
늘 정신을 집중하면서
망설임 없이 번뇌를 태우려 노력합니다.

-상응부경전

° 호마(護摩): 지혜의 불로 미혹과 번뇌를 태우고, 진리의 불로
나쁜 것을 없애는 의식(편집자 주).

8부

몸을 바라본다

이 무르고 망가지기 쉬운,
신체라는 성(城)

'자아' 혹은 '인간'이라는 이름으로, 대단한 것처럼 여겨지는 당신의 몸은, 실은 고작 뼈와 힘줄로 틀을 잡고 근육과 피부로 표면을 덮어 만든 망가지기 쉬운 성에 지나지 않습니다.

피로 채워진 그 성의 내부는, 시시각각 늙어가는 세포들과 쉬지 않고 죽어가는 세포들, 자신을 실제보다 멋지다고 믿는 당신의 자만심과 당신이 거짓말로 숨긴 외로운 비밀들로 가득 차 있습니다.

-법구경 150

고작 이것밖에 할 수 없는 몸

겉으로는 걷고, 서고, 앉고, 눕습니다.
안으로는 근육이 늘어났다, 줄어듭니다.
얼핏 보기에 훌륭해 보이는 당신의 몸이 할 수 있는 일은
고작 이것밖에 없습니다.

-경집 193, 194

겉모습에 집착하는 어리석음

이 몸은, 뼈와 힘줄로 만들어지고 살과 피부로 덮여 있습니다. 그렇게 감춰져 있는 까닭에 그 내부의 모습은 있는 그대로 보이지 않아, '피부가 깨끗하다', '피부가 거칠다'며 겉모습에 집착하게 되거나 '머리가 빠졌다', '이런 데 털이 났다'며 쓸데없는 것에 마음이 흐트러집니다.

그 안쪽에 감춰진 것은 단순한 살덩이에 지나지 않는다는 걸 깜빡 잊습니다.

-경집 195, 196

몸의 내부를 느낀다

의식의 센서를 켜서 피부 아래 감춰진 몸의 내부를 명상의 대상으로 삼으면, 몸 안을 가득 채우고 있는 위와 장, 간장, 방광, 심장, 폐, 신장, 비장의 꿈틀거림을 분명히 느낄 수 있습니다.

콧물, 타액, 땀, 지방, 피, 관절액, 담즙, 기름이 끊임없이 분비되는 걸 분명히 느낄 수 있습니다.

-경감 196, 197

몸의 실체를 응시한다

피부 아래 감춰진 내부를 의식한다면
결코 깨끗하다고는 볼 수 없는 몸,
여러 오물이 가득 출렁거리고
여러 구멍을 통해 배설하는 몸,
체취를 내뿜는 이 몸을,
우리는 소중히 지키려고 매달리며 애를 씁니다.

이렇게나 몸 안에 가득 오물을 숨기고 있으면서,
'나는 잘났다'거나 '아름답다'며 거만하게 굴고
'저 사람은 안 된다'며 트집을 잡는다면
당신은 실체를 똑바로 보지 못하는
어리석은 자일 뿐입니다.

-경집 205, 206, 207

몸의 악을 다스린다

근질근질 좀이 쑤시고 쓸데없는 짓이 하고 싶어지는 걸
알아차려 잠재웁니다.
몸의 난폭한 움직임을 느긋하게 억제합니다.

신체의 악.
예를 들어 생물을 죽이는 것.
물건이나 아이디어를 훔치는 것.
바람을 피우는 것.
술에 의존하는 것.
이러한 악을 내던지고 몸을 조절해서
긍정적인 길로 향하세요.

-법구경 231

9부

자유로워진다

무작정 믿어서는 안 되는 열 가지

당신이여, 대부분의 사람들이 '내 말이 옳다. 저 사람은 틀렸다'고 말하기에 누구의 말이 옳은지 모를 때가 있습니다.

다른 이에게 속아 세뇌당하고 자유를 잃지 않으려면 다음의 것을 주의하세요.

첫째, '누가 당신에 대해 이런 말을 했다'는 소문을 들어도 실제로 확인될 때까지는 믿지 마세요.

둘째, '이곳에서는 옛날부터 이랬다'며 전통을 들먹인다고 해서 무작정 믿지는 마세요.

셋째, 유행하고 있고 평가가 좋다고 해서 무작정 믿지는 마세요.

넷째, 성전이나 불경이나 책에 쓰여 있다고 해서 무작정 믿지는 마세요.

다섯째, 실제로 확인해보지 않은 억측은 믿지 마세요.

여섯째, 옳게 보이는 '○○이론'이나 '○○주의'에 의한 것이라 해도, 무작정 믿지는 마세요.

일곱째, 상식에 맞는 것이라 해도 무작정 믿지는 마세요.

여덟째, 당신과 의견이 같다고 해서 '나도 그렇게 생각한다'며 쉽게
믿지 마세요.

아홉째, 상대의 의복이 훌륭하거나 직업이 좋거나 태도가 정중하다
고 해서 겉모습에 현혹되어 믿지 마세요.

열 번째, 상대가 자신의 스승이라 해도 맹목적으로 믿지는 마세요.

-증지부경전

온갖 고통은 의존에서 나옵니다.

예를 들어, '좋아하는 사람이 잘해주면 기분이 좋아진다'는 것에 의존하면, 조금이라도 잘해주지 않는다고 느낄 때마다 고통이 생기고 상대와의 관계는 험악해집니다.

'일에서 목표를 달성하는 기쁨'에 의존하면 달성한 순간의 쾌감이 사라진 뒤 공허함이라는 고통이 생깁니다.

의존하는 대상을 만드는 어리석은 자는
번갈아 다른 것에 의존하고는 스스로 고통에 다가섭니다.

고통이 생기는 원흉을 간파했다면 이제는 의존증에 걸리지 않도록 쾌감이라는 마약이 조용히 지나가게 가만히 기다리세요.

-경집 728

영적인 것에 의존하지 않는다

스트레스에 위협받아 마음이 흐트러지면
신에게 의존하려 합니다.
어딘가의 교주를 믿거나 수호령을 숭배하거나
영적인 나무를 믿거나 그것에 의존하려 합니다.

이렇게 '영적인' 존재에 기대거나 '영적인' 사람에게 의지해 현실에
서 눈을 돌리고 찰나의 안심을 얻으려 합니다.

그러나 그것들은 안심할 수 있는 안식처가 아닙니다.
그렇게 의존해도 자유를 빼앗기고 세뇌당할 뿐
번뇌를 낳는 마음의 구조는 변하지 않으니까요.

-법구경 188, 189

마음, 그 제어하기 어려운 것

마음이란 것은, '해야지'라고 생각하자마자 '역시 그만둘래'라고 동요합니다. '좋다'고 생각하다가도 '기분 탓이었을지 모른다'며 우왕좌왕합니다.
'휴대전화를 만지작거리며 시간을 낭비하는 건 이제 그만'이라고 했다가 '그에게서 아직도 메시지가 오지 않았다'며 무심코 신경을 씁니다.

마음이라는 놈은 대단히 통제하기 어렵습니다.
쾌감을 좇는 욕망의 명령에 질질 끌려다니기에 그것에는 자유가 없습니다.

활을 만드는 장인이 휘어진 활을 곧고 멋지게 가다듬는 것처럼 자신의 마음을 감시하는 의식의 센서를 날카롭게 갈고닦아 이 쾌감과 불쾌감에 끌려다니는 마음을 통제하세요.

-법구경 33

부정적인 감정에 사로잡힐 때,
예를 들어 지금까지는 그런대로 잘되었지만
이번 일은 실패하는 게 아닐까 하는 불안에 지배당할 때
그럴 때, 당신의 마음은 뭍으로 끌려나와 파닥거리는 물고기처럼
나쁜 감정에서 벗어나려고 발버둥을 칩니다.

하지만 도망치는 것에 몰두할수록
나쁜 감정이라는 그물에 더 얽혀들 뿐입니다.

생각대로 움직이지 않고 멋대로 이리저리 흔들리는 마음,
이 마음을 붙잡는 것은 너무도 어려워 의식하지 못하는 사이
'좀 전과는 다른 생각', '좀 전과는 다른 감정'을 만들어 당신을 농락
합니다.

이러한 난폭한 마음을 잠재우고 다루는 연습을 하세요.
마음을 통제하여 생각한 대로 다룰 수 있다면
자유와 함께 느긋한 편안함을 손에 넣을 수 있습니다.

-법구경 34

쾌감과 불쾌감에서 자유로워진다

눈에 보이는 것, 귀로 들리는 것, 코로 맡아지는 것, 혀에 느껴지는 것, 몸 안에서 느껴지는 감각, 마음에 와닿는 생각.
이 여섯 개의 감각에 멍하니 마음을 빼앗기면 당신도 모르는 새 '멋지다'며 쾌감에 현혹되거나 '불편한 게 떠올랐다'며 불쾌감에 기분이 나빠지는 등 쾌감과 불쾌감에 지배당하게 됩니다.

그렇게 되면 유전자가 가리키는 대로 운명에 농락당하고
사도(邪道)°로 굴러떨어져 자유를 잃은 노예가 됩니다.
그러나 여섯 개의 감각이 당신에게 접촉하는 입구를 잘 감시하면
쾌감과 불쾌감에 의식 없이 휘둘리는 걸 막을 수 있습니다.
눈·귀·코·혀·몸·생각의 문에 접촉할 때마다 당신의 마음을
잘 제어하면, 자유가 당신 손에 남게 됩니다.

-경집 736, 737

○ 사도(邪道): 올바르지 못한 길이나 사악한 도리(편집자 주).

지식에서 자유로워진다

내면을 응시하는 힘, 집중력과 차분함을 높이려는 훈련 대신 지식을 늘리는 데 힘을 쓴다면, 그것이야말로 어리석다는 증거입니다.
철학, 정치학, 경제학, 심리학, 문학, 다양한 언어 같은 지식을 무턱대고 늘리면 머릿속이 불필요한 정보로 가득 차 혼란스러울 뿐입니다.
'애써 배운 것이기에 자랑하고 싶다.'
'모쪼록 배운 것이기에 써먹고 싶다.'
이처럼 지식에 대한 집착이 생기는 까닭에 자신도 모르는 사이 지식에 의해 지배당합니다. 지식의 필터를 통해서만 사물을 느끼게 되어 어느새 불행해집니다.

머리를 혼탁하게 만드는 지식의 필터를 벗겨내고
사물을 있는 그대로 느끼세요.

-법구경 21

/   /

다른 이의 평가에서 자유로워진다

바람이 아무리 거세게 불어도 산은 꿈쩍하지 않습니다.
그러한 산의 모습을 배워서
타인이 '나쁜 놈'이라 비난해도
'멋진 사람'이라 추켜세워도
한 귀로 흘려듣고 흔들림 없이 마음의 평온을 유지하세요.

비난받고 힘들어지면 마음이 폭주하여 자유를 잃습니다.
추켜세워져 들뜨게 되면 역시 마음이 흐트러져
자유를 잃습니다.
어떠한 바람이 불어와도 산처럼 묵묵히 받아넘기면
당신의 마음은 언제까지나 자유로울 것입니다.

-법구경 81

쾌감과 고통에서 자유로워진다

자기 내면의 목소리를 듣기 위해
의식의 센서를 갈고닦는 당신이라면

욕망 때문에 고통받는다는 걸 알아차릴 때
욕망을 살며시 내려놓을 수 있습니다.

굳이 지금 말하지 않아도 되는 자랑이 하고 싶어 질 때라도
그것으로 인해 심신이 불쾌해지는 걸 깨달았다면
하찮은 잡담을 멈추는 품위가 생깁니다.

'쾌감을 원한다! 고통은 싫다!'라는 욕망을 버리면
당신의 마음은 차분해집니다.
누군가의 친절에 쾌감을 느껴도 들뜨지 않습니다.
누군가의 차가운 태도에 상처받아도 우울해지지 않습니다.

이렇게 당신의 손에는
쾌감과 고통에 지배당하지 않는 자유가 남습니다.

-법구경 83

강을 건너기 위해 뗏목을 만들고
강을 건넌 뒤에는 이렇게 생각합니다.
'이 뗏목은 유용했으니 버리지 말고 짊어지고 가자.'
그러나 그런 짐을 떠안고서는
너무 무거워 제대로 걸을 수 없습니다.
당신의 업적, 학력, 경력
그것이 무엇이든 이 뗏목과 같습니다.
나의 말도, 가르침도, 진리조차도
이 뗏목과 같아서
당신이 만약 나의 가르침을 다 썼다면
그대로 아낌없이 버리세요.

-중부경전 「사유경」

공(空)이라는 자유

돈이나 물건을 늘리는 데 집착하지 않고
알맞은 식사량을 의식의 센서로 정확히 인지하면
과식하지 않기에 몸이 가볍고
마음이 묶이지 않아 '공'의 상태가 됩니다.

그 자유는 무색무취하여 다른 이에게는 보이지 않습니다.
마치 하늘을 자유롭게 날아다니는 새의 궤적이 투명하여
누구의 눈에도 보이지 않는 것처럼.
보이지 않고 이해하기도 어렵지만
공의 상태에 머물면 자기 자신을 극복할 수 있습니다.

-법구경 92

10부

자비를 배운다

과거에 죄를 저질렀다 하더라도

당신이 과거에 천 명의 사람들을 칼로 베어 죽이고, 그들의 손가락을 모아 실에 꿰어 목걸이로 만든 살인귀였다 해도, 그런 죄를 범한 당신도 열심히 수행에 수행을 거듭하여 마침내 깨달음을 얻었다면.

그런 당신이 난산으로 고통받는 아낙네를 보고서 '아아, 고통받고 있으니 가엾다'고 동정심이 일었다면, 그 아낙네에게 다가가 이렇게 말할 수 있습니다.
'나는 태어난 이래, 고의로 생명을 죽인 적이 단 한 번도 없습니다.'

만약 그 말이 거짓처럼 느껴진다면 다시 이렇게 말할 수 있습니다.
'나는 깨달음을 얻고 인생이 달라진 이래 고의로 살생한 적이 단 한 번도 없습니다. 이 불살생°의 진실에 의해 뱃속의 아이를 순산할 수 있기를.'

-중부경전 『앙굴리말라경』

° 불살생: 죽이지 아니함(편집자 주).

모든 생명은 죽고 싶어 하지 않는다

이 세상의 모든 살아 있는 것들.
물벼룩도, 박테리아도, 기린도, 고양이도, 개도
새우도, 개미도, 아귀도, 바이러스도, 인간도
공벌레도, 날다람쥐도 공격받는 걸 두려워합니다.
모든 생물은 죽음에서 도망치고자 하는
본능의 지배를 받습니다.

당신 역시 '죽고 싶지 않다'는 생각이
가슴속 깊은 곳에 감춰져 있습니다.
'다른 모든 것들도 이와 같은 생각을 하고 있다'는 것을
눈을 감고 떠올릴 수 있다면
살아 있는 것들을 고의로 살생하지 말며
그렇게 죽게 놓아 두어서도 안 됩니다.

-법구경 129

살아 있는 것들은 스스로를 사랑한다

과거에 나는 '나 자신'보다 사랑스러운 것을 찾아 온 세상을 돌아다녔지만, 어디에서도 '나'보다 사랑스러운 것은 찾지 못했습니다.

그것은 다른 이도 마찬가지입니다.
사람도, 동물도, 세균도, 온갖 살아 있는 것들은 '자신'이 가장 사랑스러운 법입니다. 살아 있는 것들은 모두 다 자신을 사랑합니다.

그러므로 자신을 사랑하는 그 마음을 안다면
다른 살아 있는 것들에게 상처 주지 마세요.

-소부경전 『자설경』

이런 것은 사고팔지 않는다

다음의 다섯 가지를 팔아 장사하지 않는 게
스스로를 위한 일입니다.

칼이나 폭탄, 전투기 같은 무기.
사람.
동물을 살생하여 얻은 고기.
술.
독이나 마약처럼 중독성이 있는 것.

살아 있는 것들을 해하는 악업을 쌓지 말고
자비의 마음으로 사고파는 것을 선택하세요.

-증지부경전

살아 있는 것이 다 평온하기를

안정됨 없이 이리저리 돌아다니는 생물도,
안정되어 자리를 지키는 생물도
모두 평온하기를.
아주 큰 것부터 아주 작은 것까지
모두 다 평온하기를.

지금까지 보아온 생물도
본 적 없는 생물도
이해의 구별 없이 평온하기를.
생을 부여받아 이미 늙은 것도
앞으로 태어나고자 하는 어린 것도
온갖 살아 있는 것은 다 평온하기를.

-경집 146, 147

생명에 대한
자비심을 연습할 것

타인을 속이지 않도록.
언제, 어떤 경우든 상대가 누구든
타인을 얕잡아 보지 않도록.
화에 마음을 빼앗겨 서로를 괴롭히지 않도록.

마치 어머니가 자식을 어르며
부드럽게 안아주듯이
온갖 살아 있는 것에 대해
끝없이 넓은 자비심을 베풀 수 있기를.

-경집 148, 149

자신을 둘러싼 모든 것에 차별 없이
온화한 마음을 보낸다

자기 위에 있는 것에 자비심을 보이고,
자기 아래 있는 것에 자비심을 보이고,
선후좌우, 자기 주변에 있는 모든 것에
응어리 없이, 차별 없이,
원망 없이, 적의 없이,
온화한 마음을 보내도록 연습하세요.

-경집 150

늘 자비심을 잃지 말기를

멈춰 있을 때도,
걷고 있을 때도,
앉아 있을 때도,
누워 있을 때도, 잠들지 않는 한은
자비심을 유지하세요.
이것은 브라흐마° 신의 경지와 같습니다.

-경집 151

° 브라흐마: 인도 신화에서, 우주를 창조했다고 여겨지는 신
（편집자 주）.

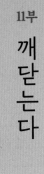

11부

깨닫는다

더 이상 다시 태어나지 않는다

지난번의 일생이 겨우 끝났다고 생각하자마자,
다시 태어나서 이번 일생이 시작됩니다.
이렇게 반복되는 것은 너무나 고달픕니다.

죽으면 신체와 신경과 기억과 충동과 의식이라는
오온이 뿔뿔이 흩어집니다.
그 각각의 부분을 다시 짜 맞추어
인생이라는 집을 다시 짓는 흑막은 대체 무엇입니까?

나는 그 정체를 알지 못한 채
몇 번이고, 몇 번이고, 다시 태어났습니다.

인생의 흑막이여, 당신의 정체는 '원하고 원한다, 부족하고 부족하다'고 소동을 벌이는 생존본능이라는 것을 이제 나는 압니다. 당신이 환생의 건축재료로 사용하는 번뇌도, 무지도 이제는 모두 파괴해버렸습니다.

나는 이제 죽으면 두 번 다시 태어나지 않을 것입니다.

나의 마음은 환생의 충동에서 벗어나 고요합니다.
왜냐하면 생존본능을 죽이고 부처가 되었기 때문입니다.

-법구경 153, 154

어떠한 사상이나 철학도
모두 버린다

당신이여, 내게는 '나의 생각은 ○○다'라는 사상 같은 건 없습니다.
그 어떤 사상에 집착한다 해도, 그 집착은 고통을 낳기 때문입니다.

온갖 생각과 사상이 마음을 혼란스럽게 만든다는 걸 깨달았기에,
나는 어떤 생각에도 집착하지 않습니다.
나는 그 모든 철학과 사상을 버리고 좌선과 명상으로 내면의 편안
함을 찾아냈습니다.

-경집 837

사소한 좋고 싫음에
사로잡히지 않는다

당신이 티끌 같은 좋고 싫음에 사로잡혀 지혜를 잃게 되면 선정의
힘은 사라집니다.

당신이 선정의 힘을 잃고 불안해지기 시작하면 맑게 내다보는 지혜
가 사라집니다.

그러나 명상을 함으로써 선정과 지혜가 생기면

당신은 마음의 평온함 바로 곁에 있게 됩니다.

-법구경 372

/   /

좌선으로 불을 끄다

모든 것은 불타고 있습니다. 활활 불타오르고 있습니다.

당신의 눈은 불타고 있습니다.
당신의 시각은 불타고 있습니다.
당신의 귀는 불타고 있습니다.
당신의 청각은 불타고 있습니다.
당신의 코는 불타고 있습니다.
당신의 후각은 불타고 있습니다.
당신의 혀는 불타고 있습니다.
당신의 미각은 불타고 있습니다.
당신의 몸은 불타고 있습니다.
당신의 촉각은 불타고 있습니다.
당신의 의식은 불타고 있습니다.
당신의 사고는 불타고 있습니다.

그것들은 무엇에 의해 불타고 있습니까?
욕망의 불길에 의해 불타고, 화의 불길에 의해 불타고,
미망의 불길에 의해 불탑니다.

오감과 의식을 계속 자극하여 마음 편할 틈 없는

391

이 화염지옥이여.
좌선으로 이 불길을 끄면 비로소
당신의 마음과 몸속 깊은 곳에서
진정한 평온함을 찾아낼 수 있습니다.

-상응부경전

'지금, 이 순간'에 마음을 모은다

과거를 떠올리며 슬퍼하지 않고,
미래를 공상하며 멍해 있지 않고,
그저 '지금, 이 순간'에 마음을 전념하면,
당신의 얼굴색은 활기를 띠고
유쾌하게 활발해질 것입니다.

만일 당신이 무심코 '지난여름은 즐거웠는데'라거나
'다음 주, 그 사람과 만날 수 있을까'라는 등
과거나 미래라는 비현실에 마음을 빼앗긴다면
이윽고 마음도 몸도 녹초가 되어버립니다.
마치 꺾여져 시들어가는 풀처럼.

-상응부경전

세상 모든 것은 흔들리고 변해간다

눈앞에 펼쳐진, 이 마음이 만들어내는 세계 속 어디에도 기댈 곳은
없습니다.
이 세상의 모든 것은 자세히 보면 계속하여 흔들리고 변해갑니다.
그런 것에 의지할 수는 없습니다.

나는 과거 의지할 곳을 찾아 온 세상을 돌아다니며 깊이 연구했지
만, 흔들리지 않고 변하지 않는 평온한 곳은 그 어디에서도 찾을 수
없었습니다.

-경집 937

제행무상(諸行無常)

제행무상, 즉 우주 만물은 늘 변합니다.
이것도 사라져가고, 저것도 사라져가고,
그것도 사라져갑니다.

물질과 마음을 지배하는 모든 에너지는,
한순간도 정착해 안정되는 일 없이 무너지고
새롭게 생성됩니다.
이것을 맹렬한 속도로 반복하면서 요동칩니다.
어디에도 매달릴 곳은 없습니다.

당신이 좌선과 명상과 참마음으로
이것을 강렬하게 체감한다면,
당신의 마음은 번뇌에서 벗어나
고요하고 편안해질 것입니다.

-법구경 277

제법무아(諸法無我)

제법무아, 즉 이 세상에 존재하는 모든 것은
나의 것이 아닙니다.
이것도, 저것도, 그것도, 온갖 심리현상도, 물리현상도
그 모든 것은 내 소유가 아닙니다.

이 신체도, 이 감각도, 이 기억도,
이 좋고 싫음도, 이 의식도, 이 세상도
이것들 역시 내 것이 아닙니다.

좌선과 명상과 참마음으로
이것을 강렬하게 체감한다면,
당신의 마음은 번뇌에서 벗어나
고요하고 편안해질 것입니다.

-법구경 279

일체행고(一切行苦)

일체행고, 즉 이것도 고통, 저것도 고통,
그것도 고통입니다.
물질과 마음을 지배하는 모든 충동 에너지는
죄다 고통에 지나지 않습니다.
즐겁다고 뇌가 착각하는 것조차 사실은 고통이라면
모든 집착은 의미가 없습니다.

좌선과 명상과 참마음으로
이것을 맹렬하게 체감한다면
당신의 마음은 번뇌에서 벗어나
고요하고 편안해질 것입니다.

-법구경 278

고통은 성스러운 진리

고통은 성스러운 진리입니다.

누구나 태어나면서 고통으로 울부짖습니다.

한순간, 한순간 세포가 무너집니다.

늙어가는 것도 고달픕니다.

여러 가지 부조화가 몸 안에서 은밀히 진행되는 것도

괴롭습니다.

이윽고 신체가 무너집니다.

죽음에 직면하는 것도 고통입니다.

생로병사, 이 모든 게 고통입니다.

-장부경전 『대념처경』

살아 있는 한 당신은 반드시
불쾌한 광경, 기분 나쁜 소리, 싫은 냄새,
이상한 맛, 기분 나쁜 촉각과
불쾌한 생각에 사로잡히고 그때마다
고통이 생깁니다.

게다가 당신의 업은 반드시
당신을 미워하는 사람들을 불러들여서
그들과 함께 있을 때마다
당신의 마음은 번뇌에 사로잡힙니다.
그것은 당연한 진리입니다.

-장부경전 『대념처경』

애별리고(愛別離苦)

'보고 싶을 때' 볼 수 없고
'듣고 싶을 때' 들을 수 없고
'맡고 싶을 때' 맡을 수 없고
'맛보고 싶을 때' 맛볼 수 없고
'만지고 싶을 때' 만질 수 없고
'떠올리고 싶을 때' 떠올릴 수 없어
그때마다 당신의 마음은 고통으로 내달립니다.

-장부경전『대념처경』

구불득고(求不得苦)

높은 산에 핀, 손에 닿지 않는 꽃만큼
실제보다 아름다워 보이고
욕망을 부추기는 것도 없습니다.
손에 잡히지 않는, 마치 이 세상에 없는 것 같은
'무언가'를 동경하고 원할 때
그때마다 고통스러운 자극이 당신을 들볶습니다.

여기, 결코 이룰 수 없는 네 가지 바람이 있습니다.
'태어나고 싶지 않았어.'
'늙고 싶지 않다.'
'병에 걸리고 싶지 않다.'
'죽고 싶지 않다.'
그런 바람을 가질 때마다 괴로움이
당신의 몸과 마음을 아프게 합니다.

-장부경전『대념처경』

오온성고(五蘊成苦)

여기에 있는 이 몸과
쾌감과 불쾌감을 전달하는 신경조직과
과거를 차곡차곡 담은 기억 시스템과
몸과 마음의 전자기 에너지와
정보를 입력하는 기능.

당신을 이루는 이 다섯 가지 부분 모두
고통으로 가득 차 있습니다.

-장부경전 『대념처경』

고통을 낳는 구조

당신의 몸과 마음속에 당신이 자각하지 못하는 부분이 있습니다. 그 어둠의 영역에서 무의식적인 충동 에너지가 솟아오릅니다. 그 충동 때문에 자신도 모르는 사이 의식이 폭주합니다. 그것에 의해 몸과 마음이 움직이기 시작합니다. 그것에 의해 눈, 귀, 코, 혀, 몸, 의식이라는 여섯 개의 문으로부터 다음에 무엇을 느낄지 정해집니다. 그 결정에 따라 자동적으로 감각기관에 정보가 속속 날아듭니다. 그리하여 뇌에서 쾌락과 불쾌라는 신호가 생깁니다.

쾌락과 불쾌를 스스로 깨닫지 못함으로써 '쾌락은 욕망'을 낳고 '불쾌는 화'라는 반응을 낳습니다. 그 반응을 스스로 깨닫지 못함으로써 반응은 패턴화되어 집착이 됩니다.
그 반응패턴을 스스로 깨닫지 못함으로써 특정한 패턴이 당신을 지배하고 '정체성'이라는 착각을 만들어 냅니다. 그 고집스러운 에너지가 새로운 당신을 낳고 그러한 당신이 늙어 이윽고 죽음으로써 온갖 고통을 연쇄적으로 만들어냅니다.

-장부경전 『대념처경』

번뇌의 원흉에 대한 성스러운 진리

당신이여,
번뇌의 원흉은 생존본능의 명령을 받아
머릿속에서 쾌감이라는 마약을 계속
쏟아내려 합니다.

'갈애'라는 저주.
'이러한 내가 되고 싶다'는 환각을 좇고
'이러한 내가 싫다'는 자기부정을 하며 폭주할 때마다
뇌 속에서 마약이 쏟아져 나와 당신을 중독시킵니다.

-장부경전 『대념처경』

번뇌의 사라짐에 대한 성스러운 진리

가슴에 뻥 하고 뚫린 결핍감의 블랙홀,
이 갈애라는 것을,
구석구석 샅샅이 소멸시키면
번뇌도 일시에 말끔히 사라집니다.

-장부경전 『대념처경』

12부

죽음과 마주한다

언젠가는 죽음이 찾아온다

당신에게도 이윽고 몸이 무너지고
죽음을 맞이할 때가 찾아옵니다.
그 붕괴의 시간이 오기 전에
당신에게 이야기해두고 싶은 게 있습니다.

'원하고 원한다, 부족하고 부족하다'라는
욕망을 내려놓고 편안해지세요.

과거로부터 쌓아온 기억에 대한 집착을 내려놓고
지극히 가뿐하게,
쓸데없는 것을 생각하지 말고
지금 이 순간을 살아내세요.

그렇게 하면 모든 것에 '괜찮다'며
마음이 부드러워질 것입니다.

-경집 849

/   /

만약 죽는다면

당신의 꿈속, 침대 위 멋진 연인이 누워 있고,
그와 현기증이 날 정도로 눈부신 사랑을 나눈다 해도
잠에서 깨어나면 그 연인과는 더 이상 만날 수 없습니다.
'당신을 위해 요리를 만들었다'는 말을 듣고도
기뻐할 수 없습니다.

그저 자명종 소리에 눈을 비비고 일어나
슬슬 일하러 가야만 합니다.

이렇게 꿈에서 깨어나는 것처럼,
죽으면 소중한 사람들과는
두 번 다시 만날 수 없습니다.

-경집 807

죽을 때 가져갈 수 있는 유일한 것

먹을 것도, 돈도, 귀금속도, 어떠한 소유물도
죽을 때는 가져갈 수 없습니다.
당신의 하인도, 종업원도, 추종자도,
당신의 영향 아래에 있는 사람들도
죽을 때는 누구 하나 데려갈 수 없습니다.

죽을 때는 모든 것을 잃습니다.
죽을 때 유일하게 손에 남는 것은
당신이 이 생에서
행동으로 쌓아온 신체의 업과
입으로 쌓아온 말의 업과
마음속으로 쌓아온 생각의 업,
단지 그뿐입니다.

당신은 그 과보만을 받아들고
여행을 떠납니다.
마치 그림자가 사람을 따라가듯
업은 당신을 쫓아갑니다.

그런 까닭에 생각과 말과 몸을 정돈하고
미래를 대비하여 선업을 쌓으세요.
선업은 미래의 당신이 가진 유일한 재산이 됩니다.

-상응부경전

죽음을 명상한다

당신이여, 사람이든 고양이든 물고기든 닭이든 사마귀든 귀뚜라
미든, 생물의 사체를 발견했을 때는 죽음을 명상하는 계기로 삼으
세요.

들판에서 조금씩 썩어가는 사체.

가스로 퉁퉁 부풀어오른 검푸른 사체.

체액이 줄줄 흘러나오는 사체.

산산이 흩어져 백골만 남은 사체.

그것들을 본다면 '무섭다', '싫다', '불쌍하다'고 반사적으로 반응하
는 대신, 당신 자신의 몸을 그 사체에 빗대어 생각하세요.

'나의 몸도 이 사체와 똑같은 물질로 만들어져 있다. 나도 죽으면
똑같아질 것이다. 나 역시 언젠가는 반드시 죽는다.' 이렇게 죽음을
명상하고 생존본능의 속박에서 벗어나세요.

-장부경전『대념처경』

당신도 언젠가는 반드시 죽는다

진공을 깨뜨리는 거대한 돌산이 전후좌우에서 들이닥칩니다. 당신에겐 도저히 도망갈 곳이 없습니다.

그 같은 늙음과 죽음은 사방에서 모든 살아 있는 것들에게 압박하듯 들이닥칩니다. 왕에게도, 승려에게도, 서민에게도, 노예에게도, 노예보다 못한 취급을 받는 자에게도 누구에게라도 예외 없이 늙음과 죽음이 들이닥칩니다.

당신이 코끼리를 탄 군대를 이끌고 맞선다 해도 전차대나 보병대를 이끌고 맞선다 해도 늙음과 죽음을 이길 수 없습니다. 책략을 써도 돈을 써도 늙음과 죽음을 이길 재간이 없습니다.

당신은 확실히 죽습니다.

-상응부경전

내가 죽는 것도 자연스러운 일

당신이여, 내가 죽는 것도 자연스러운 일입니다.
나도 늙고 쇠약하여 이윽고 여든이 됐습니다.
예컨대, 고장 난 수레가 가죽끈에 묶여
간신히 달리고 있듯
나의 신체는 선정의 힘으로 보강되어
간신히 유지되고 있을 뿐입니다.

나의 죽음은 지척에 와 있습니다.
그런 까닭으로 당신은 나에게 의존하지 말고
자기 자신을 등불로 삼아
다른 무엇에도 의존하지 말고 돌진하세요.
오로지 당신의 신체를 보고, 당신의 감각을 보고,
당신의 마음을 보고, 마음의 법칙을 발견하세요.

내가 죽어감에 당신들은 이렇게 한탄할지 모릅니다.
'우리에게 스승이 없으면 슬플 것이다'라고.

아닙니다.

내가 당신들에게 전한 법칙과 삶의 지침이
내가 죽은 후, 당신들의 스승이 될 것입니다.

-장부경전 『대반열반경』

이 세상에 영원한 것은 아무것도 없다

나는 반드시 곧 죽습니다. 그러나 당신이 슬퍼할 일은 아닙니다. 한탄할 일도 아닙니다.

나는 이제까지 몇 번이고 말해왔습니다.
'어떤 사랑하는 사람이라도, 대단히 좋아했던 사람이라도, 확실히, 너무도 당연하게, 살아 있는 동안 혹은 죽는 그 순간에, 찢어지듯 이별하고, 모든 것은 변한다'고.

이미 태어난 것, 존재하는 것, 만들어진 것
그것들은 모두 무너지도록 정해져 있고,
'무너지지 말라'는 억지가 통할 리 없습니다.

이 세상에 영원한 것은 아무것도 없고,
나의 생명 또한 영원하지 않기에
곧 그것을 내려놓을 것입니다.
그것은 지극히 자연스러운 일입니다.

-장부경전『대반열반경』

유언

모든 것은 매 순간 시시각각 무너지고
조금씩 소멸해갑니다.
따라서 당신은 찰나도 헛되이 보내지 말며
게으름도 피우지 말고 정진하세요.

이것이 곧 죽어갈 내가 당신에게
스승으로서 남기는 마지막 유언입니다.

-장부경전『대반열반경』

부처의 삶을 돌아보며

부처가 아직 '깨달은 자(부처)'로 불리기 전, 지금으로부터 약 2,550
년 전에 그는 샤카족의 슛도다나 왕과 마야 왕비 사이에서 왕자로
태어났습니다. 그의 이름은 고타마 싯다르타였습니다.

샤카국은 코살라국과 마가다국이라는 강국에 둘러싸인 약소국가
였습니다. 그가 태어났을 때 고명한 선인이 '이 아이는 마침내 인류
의 왕이 될 것'이라고 예언했고, 부왕은 그 말을 듣고 크게 기뻐했
습니다. 부처는 태어나자마자 두 발로 걸으면서 '천상천하 유아독
존'이라 말했다고 원시 불전에는 기록되어 있지만, 부처를 신격화
하려는 픽션이므로 여기서는 다루지 않겠습니다.

어린 부처는 아버지에게서 큰 기대를 받으며 유소년기부터 영재교
육을 받았고, 스승을 능가하는 재기를 발휘했습니다. 전쟁국가의
중요한 무술이나 병법도 익혔으며 어학이나 종교학에서도 발군의
실력을 발휘했습니다.

그렇게 순조롭게 시작되는 듯 보였던 부처의 생애는 그러나 이미 일말의 어둠이 드리워진 상태였습니다. 그가 태어난 지 몇 개월 후 어머니 마야 왕비와 죽음으로써 이별하게 됐으니까요. 마야 왕비는 산후 회복이 나빴던 탓인지 아들을 낳고 그대로 병상에 자리하였고 얼마 지나지 않아 세상을 떠났습니다.

그리하여 이모인 마하파자파티가 어머니를 대신해 그를 키웠습니다. 어머니가 따뜻하게 안아주거나 지켜봐 준 기회를 태어나자마자 잃은 탓에 그의 마음속에 어떤 결핍감의 그늘이 드리워지게 됐을까요?

그가 어머니의 사랑 대신에 받은 것은 '위대한 왕이 되려면 강해져야 한다', '현명해야 한다'는 압박감이었습니다. 어린 시절부터 애정 대신 아버지의 압박을 받으며 엘리트로 커 가면서 그의 마음에는 공허함이라는 구멍이 생겼을지도 모릅니다. 그 영향 때문인지 그는 우수하지만 종종 근심에 잠기곤 하는 감성적인 소년으로 자랐습니다. 여러 개의 별장을 소유한 아버지를 따라 계절마다 쾌적한 곳에서 생활하고, 늘 하인의 섬김을 받고, 좋아하는 연주나 연극을 원할 때마다 감상하고⋯ 모두가 그를 한없이 추켜올려 주었습니다.

그는 열여섯 살에 사촌 야쇼다라와 결혼했지만, 옛 권력자들이 대개 그렇듯, 다른 여러 명의 후비도 함께 두었습니다. 부처는 이렇게 다양한 '쾌락'을 계속 제공받는 환경 아래서 자랐습니다.

이렇게 지나친 쾌락에 빠져 사는 동안 그는 행복했을까요? 오히려 종종 근심에 잠기고 인생의 의미를 곱씹던 그에게는 이러한 쾌락들이 더욱더 마음을 피폐하게 만들고, 허무하게 만들고, 쓸쓸하게 만들었을지 모릅니다.

즉, 부처는 청소년기에 온갖 욕망과 쾌락을 경험함으로써 과연 '사람은 이것들로 행복해질 수 있을까'를 미리 곱씹어봤다고도 할 수 있습니다.

'자극이 온다'→'잠시 흥분'→'이윽고 흥분이 잦아든다', '다른 자극이 온다'→…'또 다른 자극을'→…

이러한 끝없는 실험을 마주한 끝에, 그는 깨달았습니다.

'욕망을 실현해서 쾌락을 얻으면 그 쾌락은 한순간 머물렀다가 곧 사라지고 공허함만 남는다. 마음은 더욱 삭막해진다. 이것은 행복이 아니다.'

그는 호사스러운 생활을 하면서도 다른 한편으로는, 바라문교라는 종교의 깊은 뜻을 배우거나 요가의 명상에 몰두했습니다. 곧 명상 수행에 의한 정신 집중은 그의 특기가 되었습니다. 그의 마음을 덮고 있던 공허함과 쓸쓸함, 인간의 생로병사라는 고통 자체를 극복하는 탐구가 이미 그것으로 시작되었다고 볼 수 있습니다.

마침내, 아내 야쇼다라가 첫째 아이 라훌라를 낳은 해에 그는 일대 결심을 합니다. '이 아이를 키우고 가정에 매몰되면 나의 탐구는 불가능할지 모른다'는 초조함이 생겼기 때문일까요. 그는 야쇼다라와 막 태어난 라훌라를 남겨 두고 샤카국을 등진 채 누더기 옷을 걸치고 궁을 나섰습니다. 위대한 계승을 기대하던 아버지의 반대를 염려해, 아무도 모르게 궁을 빠져나와 그렇게 출가 수행생활에 몸을 던졌습니다. 그때, 부처의 나이 29세였습니다.

당시 인도에는 이미 우수한 명상 방법이 많았고, 일종의 유행처럼 많은 사람들이 대가의 제자로 들어가 수행생활을 시작하던 때였습니다.

부처가 맨 처음 스승으로 삼은 사람은, 카샤파라는 행자였습니다. 그러나 카샤파 아래서 수행하는 동안 부처는 의문에 휩싸였습니다. '아무래도 카샤파 선생의 수행은 명상을 탐구하고, 죽은 뒤 천계에서 환생하는 것을 목적으로 하는 것 같다. 천계의 생명체로 다시 태어나 쾌적함을 맛보아도 내 마음의 공허함은 채워지지 않으리라. 천국에 태어나고 싶다는 욕구에서 나는 멀리 떨어져 있다.'

그래서 부처는 고명한 명상 지도자였던 알라라 칼라마 선생의 문을 다시 두드렸습니다. 그러나 부처는 알라라 칼라마 선생의 선정 훈련을 완수하고 비법을 전수받았어도 여전히 만족할 수 없었습니다. 그래서 당시 인도에서 최고 수준의 선정을 가르치던 웃다카 라마풋타의 제자로 또다시 들어가 수행을 거듭했고 마침내 가장 높은 경지의 정신통일에 이르렀습니다.

그러나 눈을 감고 집중력을 최고로 높이고 '무(無)'의 경지에 들어섰어도 좌선을 풀면 다시 마음은 혼란스럽고, 미망이나 화가 되살아났습니다. 강력한 정신통일에 의한 일시적인 마음의 평안함은 분명 그를 크게 성장시켰습니다. 하지만 번뇌를 낳는 원흉을 마음에서 완전히 몰아내기란 어려웠습니다. 그는 아직도 부족하다고 느꼈습니다.

그 '무엇'을 찾아 그는 다시 선생의 곁을 떠나 당시 인도 수행계에서 유행하던 '고행'에 몰두하는 나날을 시작했습니다.

며칠 동안 단식하기, 물구나무선 채로 자지 않고 명상하기, 물속에 잠겨 숨을 참은 채로 명상하기 등.

이렇게 부처는 신체에 고통스러운 자극을 주며 '고통'이 생기는 구조를 바라봤습니다. 즉, 자신의 신체를 실험 재료로 삼아 불쾌감에 대해 심신이 어떻게 반응하는지를 관찰한 것입니다.

'며칠간 단식하며 고생했더니 내 몸이 이런 반응을 하는 것 같다. 마음속에 죽고 싶지 않다는 두려움이 생기는 것 같다.' 혹은 '신체를 한계 상태까지 몰아넣으면 혈압은 이렇게 변하고 호흡은 이렇게 변하는 것 같다.'

그의 첫 29년이 오로지 '쾌감'에 마음이 어떻게 반응하는가를 알아내는 과정이었다면, 그 후 6년에 걸친 '고행'의 시기는 '불쾌감'을 탐구하는 시간이었던 것입니다.

그러나 아무리 불쾌한 자극을 몸과 마음에 주어도 점차 쇠약해지기만 할 뿐, 열반에 이르지는 못했습니다. 첫 29년에 걸친 연구가 실패로 끝났던 것처럼, 이 시기의 그 역시 뼈와 가죽만을 드러낸 채 죽음 직전까지 내몰렸습니다. 그렇게까지 해서 겨우 그가 알아낸 것은 공허함을 메우는 '무엇'은 고행에 의해서는 찾을 수 없다는 사실 뿐이었습니다. '고행'으로는 진리를 깨달을 수 없다는 것을 안 부처는 단식을 그만두고 죽을 먹으며 서서히 체력을 회복했습니다.

수행 동료들은 고행과 단식을 그만둔 그를 향해 '패기 없는 놈'이라고 비난했습니다. 그러나 그는 다른 사람이 뭐라 하든 신경 쓰지 않고 보리수나무 아래에서 이제는 평안하게 좌선에 임했습니다. 그때까지 단련해온 정신통일로 깊은 명상에 들어가 그 명상의 집중력을 사용해서 자기 자신의 마음을 바라보았습니다.

선정의 강한 집중상태에서 자신의 마음을 들여다 보면 무의식의 깊은 곳까지 볼 수 있고 그곳에 숨어 꿈틀거리는 일그러진 마음을 모조리 태워버릴 수 있습니다. 고타마 싯다르타는, 마음과 몸을 내면에서 조종하는 법칙을 마침내 깨닫고 결국 해탈의 경지에 올라서 '깨달은 자(부처)'가 되었습니다. 그때 부처의 나이 35세였습니다.

그는 잠시 고민했습니다.

'세상의 욕망이나 화로 가득 찬 사람들은 내가 깨달은 내용을 받아들이지 않을 것이다. 어떻게 이해시키면 좋을까. 혼자 이대로 계속 앉아 있어야 할까.'

그는 우선 자신을 버리고 떠난 다섯 명의 수행 동료들에게 설법을 해보았지만 그들의 태도는 냉담하기 그지없었습니다. 그러자 부처는 이렇게 말했습니다.

"이제까지 나는 단 한 번도 내가 스스로 깨달았다고 말한 적이 없었다. 그런 내가 지금 깨달았다고 하는데 무슨 일이 있었는지 신경 쓰이지 않는가?"

결국 그들의 흥미를 끄는 데 성공한 부처는, 번뇌를 줄이기 위해서는 마음의 공허함을 모조리 불태워야 한다고 소리 높여 선언했습니다. 그리고 그것을 위해 자신이 고안해낸 실천법을 그들에게 가르쳤습니다. 이렇게 그 다섯 명은 부처의 제자가 되었고, 특히 그중 콘단냐는 눈부신 수행의 발전을 거듭했습니다.

'스승'으로서의 부처의 인생은 이렇게 시작되었습니다. 다섯 명의 제자를 통해서 자신의 깨달음을 이해하는 사람이 있다는 걸 그 역시 실감하게 된 것입니다.

✳

35세부터 80세로 세상을 떠나기 전까지 45년 동안 부처는 인도 전역을 돌아다니면서 제자를 지도하거나 괴로워하는 사람을 위해 상담하며 살았습니다.

초기에는 소수를 상대로 조심스럽게 활동했지만, 한 번에 제자가 천 명이나 늘어날 정도로 문전성시를 이루던 때도 있었습니다.

부처 일행이 울베라라는 마을에 당도했을 때 그곳에는 불을 태우는 의식을 하면서 명상 수행을 하는 밀교단이 있었습니다. 그곳의 지도자였던 울베라 카샤파는 처음에는 부처와 팽팽하게 논쟁을 벌였지만, 오히려 부처의 사람됨에 감명받아 '제자로 받아달라'고 청했습니다. 카샤파에게는 두 명의 동생과 천 명의 제자가 있었는데 그들 모두 부처의 제자가 되었습니다.

이렇게 제자의 수가 늘어 행복했는가 하면 꼭 그렇지만도 않습니다. 부처의 명성을 듣고 찾아오는 사람들이 많아짐에 따라 제자가 되는 사람들의 양상도 다양해졌습니다.

초기의 제자들은 부처의 제자가 되기 전부터 이미 상당한 경지에 오른 사람들이었기에 가르치고 이끄는 게 수월했습니다. 그러나 제자가 천 명, 오천 명, 만 명으로 점차 증가하기 시작하면서 '생활이 어려우니 부처의 제자로 들어가 밥이라도 빌어먹자'는 사람들도 생겨났습니다. 그들은 논쟁과 싸움을 일삼고, 마을 사람들에게 폐를 끼치는 등 여러 문제를 일으켰습니다. 결국 처음에는 규칙이 없어도 평화롭게 돌아다닐 수 있었던 부처의 제자들에게 여러 가지 엄격한 규칙이 필요해지기 시작했습니다.

게다가 사람 수가 많아지면서 다른 종교 지도자들로부터 시기와 질투를 받고 박해받는 일도 늘어났습니다. 부처가 물벼룩도, 모기도, 새도, 왕도, 서민도, 노예들도 모두 생명으로 평등하게 대하며, 신분 차별을 완전히 부정했던 게 특히 반감을 샀습니다.

지금도 그렇지만 당시의 인도는 신분제가 사회를 강하게 지배하고 있었습니다. 그중 가장 상위 계급인 바라문교 사제들의 반감을 산 부처는, 여러 험담이나 괴롭힘의 대상이 되곤 했습니다.

이러한 배경을 생각하면 부처가 제자들에게 비난받아도, 칭찬받아도 그 무엇에도 흔들리지 말라고 반복해서 들려준 말의 무게가 느껴집니다. 그는 아무리 비난받아도 도발하는 대신, 온화한 태도를 유지하며 꿈쩍도 하지 않았습니다. 그 기품 있는 태도 덕분에 부처에 대한 평가는 나날이 높아졌습니다.

결국, 부처에게 감명받은 한 바라문교 사제가 그에게 '바라문교를 그만두고 제자가 되고 싶다'고 찾아온 적이 있었습니다. 그것에 대하여 부처는 이렇게 답했습니다.

"당신은 바라문교 사제로서, 신자들에게 의식을 올리는 종교적인 일을 하고 있다. 일을 내팽개치고 내게 온다면 그것이야말로 무책임하다. 당신은 지금 이대로 일을 하면서, 쉴 때는 내게 명상을 배우러 오면 좋겠다."

여기서 우리는 부처의 가르침을 받기 위해 다른 종교를 부정할 필요가 없다는 사실을 확인할 수 있습니다. 부처는 간접적으로 자신이 가르치는 것은 종교가 아니라고 말합니다.

부처의 가르침이 '종교'라면 그것을 실천하는 데 다른 종교는 방해가 됩니다. 왜냐하면 종교란 '오직 이것만이 옳다'고 주장하기 때문입니다.

그런데 그가 가르치는 것은 '유일함'이 아닙니다. 그보다는 마음을 다스리는 심리적인 훈련에 가깝습니다. 그것은 종교로서의 색채를 띠지 않기에 바라문교도든 자이나교도든 이슬람교도든 어떤 종교를 가진 사람이든 누구나 다 활용할 수 있습니다.

＊

점차 시간이 지날수록 부처의 교단은 인도 전역으로 확대되었고, 그의 가르침을 들으러 오는 사람들 중에는 대국 마가다의 국왕 빔비사라나 정치계의 거물도 있었습니다. 고향 샤카국 사람들도 부처를 사모하여 제자로 들어오기 시작했고, 고향에서 온 아들 라훌라도 그의 제자가 되었습니다. 부처는 라훌라에게 매우 정중한 태도로 수행 방법과 마음의 평온을 유지하는 방법 등을 가르쳤는데, 적당히 거리를 두면서도 애정으로 대했다는 게 경전에 적혀 있습니다.

단지 그들의 가슴을 아프게 만든 것은, 이웃 대국 코살라국의 공격을 받아 고향 샤카국이 멸망했다는 소식이었습니다. 자신이 버리고 온 고향이 사라졌다는 사실은 그들에게 어떤 감정을 남겼을까요?

한정된 지면으로 인해 여기서는 모두 생략했지만, 부처의 남은 인생 역시 고난으로 가득합니다. 뛰어난 제자였던 데바닷타가 부처에게 맞서는 바람에 교단이 분열되기도 했습니다. 원시 불전에는 데바닷타가 부처를 죽이려고 바위를 떨어뜨렸다는 다소 지어낸 듯한 이야기가 적혀 있습니다. 경전에는 악인처럼 묘사되었지만 실제로 그는 부처 이상으로 엄격한 생활을 한 수행자였습니다. 그는 부처에게 옛 수행 스타일로 돌아가자고 제안했지만 거절당했기에 자신을 따르는 동료들을 데리고 교단을 나갔다는 것이 역사적으로 알려진 사실입니다.

부처가 가장 신뢰했던 2대 제자인 사리풋타와 목갈라나가 병으로 세상을 떠났을 때도 부처는 한탄했습니다. 그는 '내가 죽으면 사리풋타를 후계자로 삼을 생각이었는데 무슨 일인가'라며 진정으로 슬퍼했습니다.

이러한 시련과 고난을 극복하며 생을 이어 오던 부처 역시, 여든이 되던 해에 세상을 떠났습니다. 종자인 아난다를 비롯해 아직 깨달음을 얻지 못한 제자들은 동요하고 슬퍼했습니다. 부처는 미숙한 제자들에게 죽기 직전까지도 스승으로서 가르침을 주었습니다. 위장병으로 누워 있으면서도 마지막의 마지막까지 설법을 이어나갔습니다.

"당신들이 슬퍼할 일은 없다. 내가 이렇게 흩어져 가듯이 모든 것은 순간순간 시시각각 부서져 조금씩 소멸해간다. 당신도 역시 흩어진다. 따라서 당신들은 한순간도 허비하지 말고 정진하라."

✳

아이러니하게도, 우리가 지금 알고 있는 '불교'의 모습은 부처가 세상을 떠난 후에 갖추어졌습니다.

부처가 죽은 후, '드디어 위대한 스승으로부터 해방되었다', '이제야말로 자유로워졌다'며 기뻐하는 제자를 목격한 장로 마하가사파가 교단의 결속을 도모하기 위해 제도를 재정비한 것입니다. 깨달음을 얻은 제자만을 모아다가 부처가 정한 규율을 다시 확인하고 그것을 담당자에게 통째로 암기하도록 시켰습니다. 그 후 부처가 오랜 기간에 걸쳐 설파해온 '경(經)'을 그의 종자였던 아난다가 기억해냈고 '스승은 이렇게 말했다, 틀림없다'고 확인한 것들을 담당자가 또다시 통째로 암기하였습니다.

그러나 시간이 지나면서 이렇게 정해진 규칙을 둘러싸고 다시 한번 논쟁이 벌어졌습니다.

'세세한 규율은 시대에 맞춰 유연하게 바꾸는 게 좋다. 왜냐하면 죽기 전의 부처도, 세세한 규율은 바꾸라고 했으니까', '부처가 정한 규율을 바꾸다니 절대로 안 된다' 등등.

이리하여 교단은 혁신파와 보수파로 분열되었고, '대중부(마하상키카: 혁신파)'와 '상좌부(테라와다:보수파)'라는 두 분파로 나뉘었습니다. 두 종파 모두 죽은 부처를 숭배하고 신격화하는 형태로 불교 교단을 형성했으며 그 과정에서 경전 역시 자신들의 종파에 맞게끔 조금씩 수정했습니다.

그들은 그 후에도 변화를 거듭하면서 분열하고 갈라졌습니다. 특히 혁신파는 시대나 지역에 맞춰 여러 다양한 형태로 꽃을 피웠습니다. 성덕태자 시대에 '대승불교'라 불리는 종파가 중국을 통해 일본으로 들어왔고, 그 역시 일본의 자연관이나 종교관에 녹아들면서 또다시 여러 종파를 낳았습니다.

이 지구상을 둘러보면, 국가마다 지역마다 정말로 다양한 '불교'가 꽃피우고 있습니다.
이만큼 다양한 꽃을 피울 수 있었던 것은 부처의 말에 담겨 있는 유연함과 에너지 덕분이 아닐까요? 저는 지금까지도 그렇게 믿고 있습니다.

이 원고에 몰두하던 시기는, 마침 제가 부처와 집중적으로 대화를 나누던 시기였습니다. '초역'으로 의뢰를 받았음에도 불구하고, 처음에는 영어판과 팔리어 원문을 비교하며 현대어로 이해하기 쉬울 정도로만 직역해 나갔습니다. (물론 로컬 원문에 집착하는 것은 도중에 그만두었습니다.)

이렇게 팔리어 원문과 영문 번역, 20세기 초의 일본어 번역과 현대어 번역 등을 비교하면서 역자마다 미묘하게 다른 뉘앙스 차이를 좁히는 작업을 하다 보니, 자연히 '초역' 쪽으로 마음이 기울게 되었습니다. 그렇게 이 책은 결국 제가 원고지에 직접 써서 완성하게 되었습니다.

각각을 1~2페이지 분량으로 압축해야 한다는 제약 때문에 생략된 부분도 많습니다. 그것까지 포함하면 실로 많은 '대화'가 저와 경전 사이를 오갔다고 볼 수 있습니다. 그 결과, 부처의 말에 제 생각도 다수 섞이게 됐다는 비난은 면치 못할 듯합니다. 그 부분에 대해서는 다른 전통적인 번역서를 읽고 비교해본 독자 여러분의 판단에 맡기도록 하겠습니다.

아무쪼록 이 책이 여러분의 마음이 흔들릴 때마다 몇 번이고 읽고 싶은 책이 되어주기를 바라며, 저 역시 이 책을 통해 다시 한 번 부처의 말씀을 가슴 깊이 느껴보고 싶습니다.

초역 부처의 말
필사집

초판 1쇄 발행 2025년 03월 19일
초판 4쇄 발행 2025년 05월 20일

지은이 코이케 류노스케
옮긴이 박재현
펴낸이 김대성

편집이사 서선행
편집1팀 이주영, 천혜진
디자인 김세민 **마케팅팀** 권두리, 이진규, 신동빈
홍보팀 조아란, 장태수, 이은정, 권희, 박미정, 조문정, 이건희, 박지훈, 송수연, 김수빈
경영지원 송현주, 윤이경, 정수연

펴낸곳 ㈜콘텐츠그룹 포레스트 **출판등록** 2021년 4월 16일 제2021 - 000079호
주소 서울시 영등포구 여의대로 108 파크원타워1 28층
전화 02)332 - 5855 **팩스** 070)4170 - 4865
홈페이지 www.forestbooks.co.kr
종이 ㈜월드페이퍼 **출력·인쇄·후가공** 더블비 **제본** 책공감

ISBN 979-11-94530-21-3 (03100)

㈜콘텐츠그룹 포레스트는 독자 여러분의 책에 관한 아이디어와 원고 투고를 기다리고 있습니다. 책 출간을 원하시는 분은 이메일 writer@forestbooks.co.kr로 간단한 개요와 취지, 연락처 등을 보내주세요. '독자의 꿈이 이뤄지는 숲, 포레스트'에서 작가의 꿈을 이루세요.

남의 인생을 살기 위해 삶을 낭비하지 마라.

다른 사람의 생각에 갇히지 말고

오늘이 생의 마지막 날인 것처럼 살아라.